Prebuď Sa,
Izrael

*„Slnko sa zmení na tmu
a mesiac na krv,
skôr než príde veľký a hrozný Pánov deň.
A každý, kto bude vzývať Pánovo meno,
bude zachránený,
lebo na vrchu Sion
a v Jeruzaleme bude záchrana,
ako riekol Pán,
a medzi pozostalými bude,
koho volá Pán."*

(Joel 2, 31-32)

Prebuď' Sa, Izrael

Dr. Jaerock Lee

Prebuď Sa, Izrael by Dr. Jaerock Lee
Vydavateľstvo Urim Books (Representative: Johnny H. Kim)
361-66, Shindaebang Dong, Dongjak Gu, Soul, Kórea
www.urimbooks.com

Všetky práva vyhradené. Táto kniha alebo jej časti nesmú byť reprodukované v žiadnej podobe, uložené vo vyhľadávacom systéme alebo prenášané v akejkoľvek forme alebo akýmikoľvek prostriedkami,elektronicky, mechanicky, fotokópiami, záznamom alebo inak bez predchádzajúceho písomného súhlasu vydavateľa.

Pri preklade biblických citátov z angličtiny do slovenčiny bol použitý zdroj: Svätá Biblia, Jozef Roháček, 2007. Použité s dovolením.

Copyright © 2020 by Dr. Jaerock Lee
ISBN: 979-11-263-0610-7 03230
Translation Copyright © 2013 by Dr. Esther K. Chung. Použité so súhlasom.

Prvé vydanie marec 2020

V kórejskom jazyku vydané vydavateľstvom Urim Books v roku 2010

Editoval Dr. Geumsun Vin
Navrhol Editorial Bureau of Urim Books
Vytlačil Yewon Printing Company
Pre viac informácií kontaktujte urimbooks@hotmail.com

Predslov

Na začiatku 20. storočia sa v pustom kraji Palestíny, kde v tej dobe nechcel nikto žiť, udiala pozoruhodná séria udalostí. Židia, ktorí boli rozptýlení po celej východnej Európe, Rusku a zvyšku sveta, začali sa hrnúť do krajiny, ktorá oplývala bodľačím, chudobou, hladom, chorobou a trápením.

Aj napriek vysokému počtu úmrtí v dôsledku malárie a hladovania Židia nestratili ich veľkú vieru a ambície, ale začali stavať kibuce (miesto práce v Izraeli, ako napríklad, farmy alebo továrne, kde robotníci žijú spoločne a delia sa o všetky povinnosti a príjem). Ako povedal Theodor Herzl, zakladateľ moderného sionizmu: „Ak niečo chcete, nie je to žiadny sen," obnova Izraela sa stala skutočnosťou.

Pri všetkej úprimnosti, obnova Izraela vyzerala ako neuskutočniteľný sen, ktorý sa má dosiahnuť, a v ktorý nikto neveril. Židia však splnili tento sen a so vznikom štátu Izrael, ako keby zázrakom prvýkrát za približne tisícdeväťsto rokov, opäť získali vlastný národ.

Izraeliti sa aj napriek stáročnému prenasledovaniu a trápeniu počas rozptýlenia do rôznych krajín, pevne držali svojej viery, kultúry a jazyka a neustále ich vylepšovali. Po založení moderného štátu Izrael kultivoval holú zem a kládol veľký dôraz na rozvoj rôznych priemyselných odvetví, na základe ktorých sa izraelský národ mohol pripojiť k rozvinutým krajinám. Izraeliti sú pozoruhodnými ľuďmi, ktorí vydržali a prosperovali uprostred neustálej výzvy a hrozby na ich prežitie ako národa.

Po založení Manminskej centrálnej cirkvi v roku 1982 mi Boh prostredníctvom Ducha Svätého mnoho o Izraeli zjavil, pretože nezávislosť Izraela je znamením posledných dní a naplnenia proroctva v Biblii.

Národy, čujte slovo Pánovo; ohlasujte na ďalekých ostrovoch a vravte: "Ten, čo rozosial Izrael, pozbiera ho a ustráži ho ako pastier stádo" (Jer 31, 10).

Boh si vyvolil izraelský národ, aby zjavil Jeho prozreteľnosť, ktorou stvoril ľudstvo a kultivuje ich. Po prvé, Boh urobil Abraháma „otcom viery" a Jakuba, vnuka Abraháma, zakladateľom Izraela, a Boh Jakubovým potomkom ohlasuje Jeho vôľu a plnenie prozreteľnosti kultivácie ľudstva.

Keď Izrael veril v Božie slovo a poslušne chodil podľa Jeho vôle, tešil sa veľkej sláve a cti nad všetky národy. Keď sa od Boha vzdialil a bol Mu neposlušný, Izrael bol predmetom mnohých trápení, vrátane invázií cudzích krajín, a jeho ľudia boli nútení žiť ako tuláci vo všetkých kútoch sveta.

Ale aj keď Izrael v dôsledku hriechov čelil ťažkostiam, Boh ho nikdy neopustil ani na neho nezabudol. Izrael je navždy pripútaný k Bohu skrze Jeho zmluvu s Abrahámom a Boh pre neho nikdy neprestal pracovať.

Vďaka mimoriadnej Božej starostlivosti a vedeniu bol Izrael ako národ vždy uchránený, dosiahol nezávislosť a opäť sa stal národom nad všetky národy. Ako mohli byť Izraeliti uchránení a prečo bol Izrael obnovený?

Mnoho ľudí hovorí: „Prežitie židovského národa je zázrak." Keďže druh a veľkosť prenasledovania a útlaku židovského národa počas diaspóry sa nedajú opísať alebo predstaviť, samotná história Izraela svedčí o pravdivosti Biblie.

Ale po druhom príchode Ježiša Krista nastane oveľa väčšia bieda a úzkosť ako tie, ktorým čelili Židia. Samozrejme, že ľudia, ktorí prijali Ježiša za svojho Spasiteľa, budú vyzdvihnutí do vzduchu a budú sa podieľať na svadobnej hostine s Pánom. Ale tí, ktorí neprijmu Ježiša za svojho Spasiteľa, nebudú vyzdvihnutí do vzduchu v čase Jeho návratu a budú trpieť počas sedemročného veľkého súženia.

„*Lebo hľa, prichádza deň, ktorý horí jako pec, v ktorom budú všetci spurní a všetci, ktorí páchajú bezbožnosť, slamou a spáli ich deň, ktorý prijde, hovorí Pán Zástupov, takže im neponechá ani koreňa ani haluzi.*" (Mal 4, 1)

Boh mi už podrobne zjavil pohromy, ktoré sa uskutočnia v priebehu sedemročného veľkého súženia. Z tohto dôvodu je mojím úprimným želaním, aby Bohom vyvolený izraelský národ prijal bez ďalšieho odkladu Ježiša, ktorý asi pred dvetisíc rokmi chodil po tejto zemi, za svojho Spasiteľa, aby ani jeden z nich nezostal na zemi a netrpel počas veľkého súženia.

Božou milosťou som napísal a venoval toto dielo poskytujúce odpovede na tisícročia trvajúci smäd Židov po Mesiášovi a odvekých otázkach, ktoré sú neustále kladené.

Nech si každý čitateľ tejto knihy vezme k srdcu zúfalý Boží odkaz lásky a bez ďalšieho odkladu sa stretne s Mesiášom, ktorého Boh poslal pre celé ľudstvo!

Z celého srdca vás všetkých milujem.

November 2007
V Getsemanskom dome modlitby

Jaerock Lee

Úvod

Všetku vďaku a chválu vzdávam Bohu za to, že viedol a požehnal vydanie tohto diela *Prebuď sa, Izrael!* v posledných dňoch. Toto dielo bolo vydané v súlade s Božou vôľou, ktorý chce prebudiť a zachrániť Izrael a vzniklo na základe nesmiernej lásky Boha, ktorý nechce stratiť ani jedinú dušu.

Kapitola 1, „Izrael: Bohom vyvolený", skúma dôvody Božieho stvorenia a kultivácie celého ľudstva na zemi a Jeho prozreteľnosť, na základe ktorej vybral izraelský národ ako Jeho vyvolených v dejinách ľudstva a vedie ho. Kapitola tiež predstavuje veľkých predkov Izraela, ako aj nášho Pána, ktorý prišiel na tento svet podľa proroctva, ktoré predpovedalo príchod Spasiteľa všetkých ľudí z Dávidovho domu.

Skúmaním biblických proroctiev o Mesiášovi, kapitola 2, „Bohom poslaný Mesiáš", svedčí o tom, že Ježiš je Mesiáš, ktorého príchod Izrael ešte stále netrpezlivo očakáva, a ako podľa zákona o vykúpení pozemkov spĺňa všetky kvalifikácie Spasiteľa ľudstva. Druhá kapitola tiež skúma, ako boli starozákonné proroctvá o Mesiášovi naplnené Ježišom a vzťah medzi históriou Izraela a smrťou Ježiša.

Tretia kapitola, „Boh, v ktorého verí Izrael", zblízka popisuje Izraelitov, ktorí striktne dodržiavajú zákon a tradície, a vysvetľuje im, čo Boha potešuje. Navyše pripomenutím, že kvôli tradícii starších, ktorú vytvorili, vzdialili sa od Božej vôle, táto kapitola ich nabáda pochopiť skutočnú vôľu Boha, ktorý im prvý dal zákon, a s láskou splniť tento zákon.

V záverečnej kapitole, „Majte oči a uši otvorené!", je preskúmaná terajšia doba, o ktorej Biblia prorokovala ako o „konci vekov", ako aj bezprostredný vzhľad antikrista a popis sedemročného veľkého súženia. Navyše svedectvom o dvoch Božích tajomstvách, ktoré boli pripravené Jeho nekonečnou láskou k Jeho vyvoleným, aby izraelský národ dosiahol spásu v posledných dňoch kultivácie ľudstva, posledná kapitola prosí izraelský národ, aby nezavrhli poslednú možnosť spásy.

Keď sa prvý človek Adam dopustil hriechu neposlušnosti

a bol vyhnaný z raja Edenu, Boh ho nechal žiť v Izraeli. Od tej chvíle počas histórie kultivácie ľudstva Boh čakal tisícky rokov, a aj dnes stále čaká, v nádeji na získanie pravých detí. Už nie je čas na čakanie alebo mrhanie. V mene nášho Pána sa úprimne modlím, aby si každý z vás uvedomil, že náš čas je skutočne poslednými dňami a pripravil sa na príchod nášho Pána, ktorý sa vráti ako Kráľ kráľov a Pán pánov.

November 2007
Geum-sun Vin,
šéfredaktor

Obsah

Predslov
Úvod

Kapitola 1
Izrael: Bohom vyvolený

Začiatok kultivácie ľudstva _ 3
Veľkí predkovia _ 16
Ľudia, ktorí svedčia o Ježišovi Kristovi _ 33

Kapitola 2
Bohom poslaný Mesiáš

Boh prisľúbil Mesiáša _ 51
Kvalifikácie Mesiáša _ 57
Ježiš naplnil proroctvá _ 70
Ježišova smrť a proroctvá o Izraeli _ 77

Kapitola 3
Boh, v ktorého verí Izrael

Zákon a tradícia _ 85
Pravý Boží účel ustanovenia zákona _ 94

Kapitola 4
Majte oči a uši otvorené!

Na konci sveta _ 113
Desať prstov _ 129
Verná Božia láska _ 140

„Dávidova hviezda", symbol židovskej komunity, na vlajke Izraela

Kapitola 1
Izrael: Bohom vyvolený

Začiatok kultivácie ľudstva

Mojžiš, veľký vodca Izraela, ktorý vyslobodil izraelský ľud z otroctva v Egypte, viedol ich do zasľúbenej Kanaánskej zeme a slúžil ako zástupca Boha, začal Božie slovo v knihe Genesis takto:

Na počiatku stvoril Boh nebo a zem. (1:1).

Boh stvoril nebesia a zem a všetko v nich za šesť dní a v siedmy deň odpočíval, požehnal ho a zasvätil. Prečo teda Boh Stvoriteľ stvoril vesmír a všetko v ňom? Prečo stvoril človeka a dovolil, aby od čias Adama na zemi žilo nespočetné množstvo ľudí?

Boh túžil po niekom, s kým by sa naveky delil o lásku

Pred stvorením neba a zeme všemohúci Boh existoval v nekonečnom vesmíre ako svetlo s hlasom. Po dlhej dobe samoty Boh túžil po niekom, s kým by sa naveky delil o lásku.

Boh mal nielen božskú prirodzenosť, ktorá Ho definovala ako Stvoriteľa, ale aj ľudskú prirodzenosť, ktorou cítil radosť, hnev, smútok a potešenie. A tak túžil po vzájomnom dávaní a prijímaní lásky. V Biblii je mnoho odkazov na ľudskú povahu Boha. Bol potešený a radoval sa zo spravodlivých skutkov Izraelitov (Dt 10,

15; Prís 16, 7), ale bol zarmútený a hneval sa, keď zhrešili (Ex 32, 10; Nm 11, 1; 32, 13).

Sú chvíle, kedy každý človek túži po samote, ale bude radostnejší a blaženejší, ak má priateľa, s ktorým sa môže o všetko deliť. Keďže Boh mal ľudskú prirodzenosť, túžil po niekom, s kým by sa mohol deliť o Jeho lásku, a s kým by si navzájom chápali svoje srdcia.

„Nebolo by radostné a dojemné mať deti, ktoré by mohli pochopiť Moje srdce, a s ktorými by som sa mohol deliť o lásku v tejto obrovskej, ale hlbokej oblasti?"
V čase Jeho výberu Boh vymyslel plán, ako získať pravé deti, ktoré by boli ako On. Preto Boh stvoril nielen duchovnú oblasť, ale aj fyzickú oblasť, v ktorej malo ľudstvo žiť.

Niektorí môžu premýšľať: „V nebi je veľké množstvo poslušných nebeských zástupov a anjelov. Prečo sa Boh zaťažoval stvorením človeka?" S výnimkou niekoľkých anjelov, väčšina nebeských bytostí nemá ľudskú prirodzenosť, ktorá je najvýznamnejšou časťou potrebnou pri dávaní a prijímaní lásky: slobodná vôľa, ktorou sa sami rozhodujú. Tieto nebeské bytosti sú ako roboty, poslúchajú všetky rozkazy, ale bez pocitu radosti, zlosti, smútku alebo potešenia, nie sú schopní dávať a prijímať lásku vyvierajúcu z hĺbky sŕdc.

Predpokladajme, že máme dve deti. Jedno z nich je poslušné a robí všetko, čo mu poviete bez vyjadrovania pocitov, názorov alebo lásky. Ďalšie dieťa, aj keď z času na čas svojou slobodnou vôľou rodičov sklame, rýchlo koná pokánie zo svojich previnení, s láskou na rodičoch lipne a svoje srdce vyjadruje mnohými rôznymi spôsobmi.

Ktorému z týchto dvoch detí by ste dali prednosť? S najväčšou pravdepodobnosťou sa rozhodnete pre druhé dieťa. Aj keď máte robota, ktorý pre vás robí všetko, ani jeden z vás nedá prednosť robotovi pred vlastnými deťmi. Z rovnakého dôvodu Boh uprednostnil človeka, ktorý Ho svojím rozumom a citmi poslúcha, pred nebeskými zástupmi a anjelmi, ktorí sú ako roboty.

Božia prozreteľnosť získať pravé deti

Po stvorení prvého človeka Adama Boh stvoril raj Edenu a dovolil, aby tam človek vládol. V raji Edenu bola hojnosť všetkého a Adam nad všetkým vládol slobodnou vôľou a mocou, ktorú mu dal Boh. Ale bola tam jedna vec, ktorú mu Boh zakázal.

> *A Pán, Boh, prikázal človekovi: „Zo všetkých stromov raja môžeš jesť. Zo stromu poznania dobra a zla však nejedz! Lebo v deň, keď by si z neho jedol, istotne zomrieš"* (Gn 2, 16-17).

Toto bol systém, ktorý Boh založil medzi Bohom Stvoriteľom a stvorenými ľuďmi, a chcel, aby Ho Adam poslúchal z hĺbky srdca a jeho slobodnou vôľou. Prešla dlhá doba, kým Adam nedodržal Božie slovo a spáchal hriech neposlušnosti tým, že jedol zo stromu poznania dobra a zla.

V Genesis 3 je scéna, v ktorej sa had, ktorý bol podnietený satanom, spýtal Evy: „Naozaj povedal Boh: „Nesmiete jesť z nijakého rajského stromu!?" (v 1) Eva odpovedala hadovi: „Boh povedal: ‚Nejedzte z neho ani sa ho nedotýkajte, aby ste nezomreli!'" (v 2).

Boh jasne Eve povedal: „Lebo v deň, keď by si z neho jedol, istotne zomrieš," ale ona zmenila Boží príkaz a povedala: „Aby ste nezomreli."

Keď had videl, že Eva si nevzala Boží príkaz k srdcu, začal ju pokúšať agresívnejšie. „Nie, nezomriete!" povedal Eve. A dodal: „ale Boh vie, že v deň, keď budete z neho jesť, otvoria sa vám oči a vy budete ako Boh, budete poznať dobro a zlo" (v 5).

Keď Satan vdýchol do mysle ženy chamtivosť, strom poznania dobra a zla začal v jej očiach vyzerať inak. Strom bol potešením pre oči a ovocie vyzeralo chutne a strom bol potrebný, aby sa stala múdrou. Eva jedla jeho ovocie a dala aj manželovi, ktorý ho tiež zjedol.

Takto Adam a Eva spáchali hriech neuposlúchnutia Božieho slova a istotne zomreli (Gn 2, 17).

„Smrť" tu neodkazuje na telesnú smrť, kedy ľudské telo prestane dýchať, ale na duchovnú smrť. Po jedení zo stromu poznania dobra a zla Adam splodil deti a zomrel vo veku deväťstotridsať rokov (Gn 5, 2-5). Z tohto vieme, že „smrť" tu neodkazuje na fyzickú smrť.

Človek bol pôvodne stvorený ako zmes ducha, duše a tela. Mal ducha, prostredníctvom ktorého mohol komunikovať s Bohom; dušu, ktorá bola riadená duchom; a telo, ktoré slúžilo ako schránka pre ducha a dušu. Kvôli neposlúchnutiu Božieho príkazu a spáchania hriechu duch zomrel a jeho komunikácia s Bohom už nebola možná, a toto je „smrť", o ktorej hovoril Boh v Gn 2, 17.

Po spáchaní hriechu boli Adam a Eva vyhnaní z krásneho a hojného raja Edenu. Vtedy začalo trápenie celého ľudstva. Bolesť ženy pri pôrode sa znásobila, žena začala túžiť po jej manželovi a on nad ňou začal vládnuť, zatiaľ čo sa muž s námahou musí živiť z prekliatej zeme po všetky dni jeho života (Gn 3,16-17).

O tomto nám Gn 3, 23 hovorí: *„A Pán Boh ho vykázal z raja Edenu, aby obrábal zem, z ktorej bol vzatý."* „Obrábať zem" tu neznamená len namáhať sa pri získavaní potravy, ale aj to, že on – stvorenie z prachu zeme – musí „kultivovať svoje srdce" počas života na zemi.

Kultivácia ľudstva začína Adamovým hriechom

Adam bol stvorený ako živá bytosť a v srdci nemal žiadne zlo, a tak svoje srdce nemusel kultivovať. Po spáchaní hriechu bolo Adamove srdce ušpinené nepravdou a potom už musel kultivovať svoje srdce na srdce čisté, ako mal pred spáchaním hriechu.

Potom, čo Adam zhrešil, musel kultivovať svoje srdce, ktoré bolo ušpinené nepravdou a hriechom, na čisté srdce a stať sa pravým Božím dieťaťom. Keď Biblia hovorí: „A Pán Boh ho vykázal z raja Edenu, aby obrábal zem, z ktorej bol vzatý," znamená to presne toto a nazýva sa to „Božia kultivácia ľudstva".

Tradične „kultivácia" odkazuje na proces, kedy poľnohospodár seje semená, stará sa o plodiny a zberá úrodu. Pre „kultiváciu" ľudstva na zemi a pre získanie dobrej úrody, ktorá znamená „pravé Božie deti", Boh zasial prvé semienka – Adama a Evu. Skrze Adama a Evu, ktorí neuposlúchli Boha, narodilo sa nespočetné množstvo detí. A prostredníctvom Božej kultivácie ľudstva sa kultiváciou ich srdca a obnovením strateného Božieho obrazu znovunarodilo ako Božie deti nespočetné množstvo ľudí.

A preto „Božia kultivácia ľudstva" predstavuje celý proces, v ktorom Boh riadi a vedie históriu ľudstva od ich stvorenia až po deň posledného súdu s cieľom získať pravé deti.

Rovnako ako farmár prekonáva povodne, suchá, mrazy, krúpy a háveď po prvej výsadbe semien, ale nakoniec žne krásnu a nádhernú úrodu, aj Boh všetko riadi, aby získal pravé deti, ktoré k Nemu prídu potom, čo prekonali smrť, chorobu, rozchod a ďalšie druhy utrpenia počas života na tomto svete.

Dôvod, prečo Boh umiestnil strom poznania dobra a zla v raji Edenu

Niektorí ľudia sa pýtajú: „Prečo tam Boh umiestnil strom

poznania dobra a zla, prostredníctvom ktorého človek začal páchať hriech a išiel cestou smrti?" Boh tam umiestnil strom poznania dobra a zla kvôli úžasnej Božej prozreteľnosti, ktorou vedie ľudí k uvedomeniu si „relativity".

Väčšina ľudí predpokladá, že Adam a Eva boli v raji šťastní, pretože tam neboli žiadne slzy, smútok, choroba alebo utrpenie. Ale Adam a Eva nepoznali skutočné šťastie a lásku, pretože v raji Edenu nepoznali relativitu.

Napríklad, ako by reagovali dve deti, ktoré by dostali rovnakú hračku, ak sa jedno dieťa narodilo a vyrastalo v bohatej rodine a druhé v chudobnej rodine? Druhé dieťa by bolo z hĺbky srdca vďačnejšie a radostnejšie ako dieťa z bohatej rodiny.

Aby ste chápali skutočnú hodnotu niečoho, musíte poznať a zažiť pravý opak. Iba vtedy, ak ste trpeli ochorením, budete poznať skutočnú hodnotu zdravia. Iba vtedy, keď pochopíte smrť a peklo, budete poznať skutočnú hodnotu večného života a z hĺbky srdca ďakovať Bohu lásky za to, že vám dal večné nebo.

V hojnom raji Edenu sa prvý človek Adam mohol tešiť zo všetkého, čo mu Boh dal, dokonca aj z právomoci rozhodovať nad každým iným stvorením. Avšak, keďže to nebolo výsledkom jeho driny a potu, Adam nemohol plne pochopiť ich význam alebo ďakovať za ne Bohu. Až keď bol Adam vyhnaný na tento svet a okúsil slzy, smútok, trápenie, choroby, nešťastie a smrť, uvedomil si rozdiel medzi radosťou a smútkom a hodnotu slobody a prosperity, ktoré v raji Edenu dostal od Boha.

Čo by pre nás znamenal večný život, ak by sme nepoznali radosť alebo smútok? Aj keď na chvíľu čelíme problémom, keď si to neskôr uvedomíme a povieme: „Toto je radosť!" naše životy sa stanú hodnotnejšie a požehnanejšie. Existujú rodičia, ktorí by nechali deti doma namiesto toho, aby ich poslali do školy, len preto, že vedia, aké ťažké je študovať? Ak rodičia naozaj milujú svoje deti, pošlú ich do školy a starostlivo ich budú viesť k štúdiu ťažších predmetov a k okúseniu rôznych vecí, aby tak vybudovali lepšiu budúcnosť. Srdce Boha, ktorý stvoril ľudstvo a kultivuje ho, je také isté.

Z tohto dôvodu Boh umiestnil strom poznania dobra a zla v raji Edenu, nezabránil Adamovi, aby slobodnou vôľou jedol zo stromu a umožnil mu prežívať radosť, hnev, smútok a potešenie počas kultivácie ľudstva. Je to preto, lebo človek môže milovať a uctievať Boha, ktorý sám Je láska a pravda, z hĺbky srdca až potom, čo zažil relativitu a pochopil pravú lásku, radosť a vďačnosť.

Prostredníctvom procesu kultivácie človeka Boh chcel získať pravé deti, ktoré by spoznali Jeho srdce a napodobnili Ho, a žil by s nimi naveky v nebi delením sa o večnú a pravú lásku.

Kultivácia človeka začína v Izraeli

Keď bol prvý človek Adam vyhnaný z raja Edenu po neuposlúchnutí Božieho slova, nemal právo vybrať si krajinu, v ktorej sa mal usadiť, ale vybral mu ju Boh. Tou krajinou bol Izrael.

V tomto bola Božia vôľa a prozreteľnosť. Po dokončení veľkého plánu kultivácie ľudstva si Boh za model ľudskej kultivácie vybral izraelský národ. Z tohto dôvodu Boh výslovne dovolil, aby Adam žil nový život v krajine, kde mal tento izraelský národ vzniknúť.

Po určitom čase z Adamových potomkov vzišlo nespočetné množstvo národov a do doby Jakuba, Abrahámovho potomka, už bol vybudovaný izraelský národ. Boh túžil odhaliť Jeho slávu a prozreteľnosť kultivácie ľudstva cez dejiny Izraela. Bolo to nielen kvôli Izraelitom, ale kvôli ľuďom na celom svete. Preto história Izraela, ktorej sa ujal sám Boh, nie je len históriou ľudí, ale božským posolstvom pre celé ľudstvo.

Prečo si teda Boh vybral za model kultivácie ľudstva Izrael? Bolo to kvôli ich vynikajúcemu charakteru, inými slovami, ich vynikajúcemu najvnútornejšiemu bytiu.

Izrael je potomkom „otca viery" Abraháma, z ktorého mal Boh veľkú radosť, a tiež potomkom Jakuba, ktorý bol taký vytrvalý, že zápasil s Bohom a zvíťazil. To je dôvod, prečo aj po strate vlasti a tuláckeho života po celé stáročia Izraeliti neprišli o svoju identitu.

Izraeliti si nadovšetko po tisíce rokov uchovávali Božie slovo, ktoré bolo prorokované prostredníctvom Božích ľudí a podľa neho žili. Samozrejme, že boli časy, kedy sa celý národ vzdialil od Božieho slova a zhrešil proti Nemu, ale nakoniec konali pokánie a vrátili sa k Bohu. Nikdy nestratili vieru v Pána, svojho Boha.

Obnovenie nezávislého Izraela v 20. storočí jasne poukazuje na to, aký druh srdca má jeho ľud ako potomkovia Jakuba.

Ez 38, 8 hovorí: *"Po mnohých dňoch dostaneš rozkaz, na konci rokov prídeš do krajiny vrátenej od meča, zhromaždenej z mnohých národov na vrchoch Izraela, ktoré boli ustavične spustnuté; z národov bola vyvedená, všetci bývajú v bezpečí."*

„Na konci rokov" sa tu vzťahuje na koniec času, kedy sa bude kultivácia ľudstva blížiť ku koncu a „vrchy Izraela" predstavuje mesto Jeruzalem, ktoré sa nachádza takmer sedemstošesťdesiat metrov (dvetisíc štyristo deväťdesiatštyri stôp) nad hladinou mora.

Preto, keď prorok Ezechiel hovorí: „zhromaždenej z mnohých národov na vrchoch Izraela," znamená to, že sa zhromaždia Izraeliti z celého sveta a obnovia štát Izrael. Podľa Božieho slova, Izrael, ktorý bol Rimanmi zničený v roku 70 n.l., vyhlásil jeho štátnosť 14. mája 1948. Pôda nebola ničím iným ako „súvislým odpadom", ale dnes Izraeliti vybudovali silný národ, ktorý nikto nemôže poľahky prehliadnuť alebo spochybniť.

Prečo si Boh vybral Izraelitov

Prečo Boh začal kultiváciu ľudstva v Izraeli? Prečo si Boh vybral izraelský národ a riadi históriu Izraela?

Po prvé, prostredníctvom histórie Izraela Boh chcel oznámiť všetkým národom, že On je Stvoriteľom neba a zeme, že On sám je pravý Boh, a že je živý. Prostredníctvom štúdia dejín Izraela dokonca aj pohania môžu poľahky cítiť prítomnosť Boha a pochopiť Jeho prozreteľnosť v riadení histórie ľudstva.

Vtedy všetky národy zeme uvidia, že sa nad tebou vzýva meno Pánovo, a budú sa ťa báť (Dt 28, 10).

Šťastný si, Izrael! Kto sa ti vyrovná? Ľud, ktorého spásou je Pán! On je tvoj štít ochranný, on je tvoj meč slávny; nepriatelia sa ti budú líškať a ty im budeš šliapať po šijach (Dt 33, 29).

Bohom vyvolený Izrael sa teší veľkému privilégiu a môžeme to ľahko zistiť z histórie Israela.

Napríklad, keď Rachab prijala dvoch mužov, ktorých poslal Jozue, aby preskúmali Kanaánsku krajinu, povedala im: *„Dopočuli sme sa, že Pán vysušil pred vami vody Červeného mora, keď ste vychádzali z Egypta; a tiež čo ste urobili dvom amorejským kráľom za Jordánom, Sehonovi a Ogovi, na ktorých ste vykonali kliatbu. Keď sme sa to dozvedeli, naše srdce strachom ochablo a nik už nemal odvahy proti vám. Lebo Pán, váš Boh, je Bohom hore na nebesiach i dolu na zemi"* (Joz 2, 9-11).

Počas zajatia Izraelitov v Babylone Daniel chodil s Bohom a babylonský kráľ Nabuchodonozor zažil Boha, s ktorým chodil Daniel. Potom, čo kráľ zažil Boha, vyhlasoval: *„chválim,*

chválim, vyvyšujem a oslavujem Kráľa nebies, ktorého všetky činy sú pravda a jeho cesty sú právo, a ktorý môže pokoriť tých, čo kráčajú v pýche" (Dan 4, 37).

To isté sa stalo, keď bol Izrael pod nadvládou Perzie. Pri pohľade na diela živého Boha a odpovede na modlitby kráľovnej Ester: *„Mnohí z národov tých krajín sa pridávali k Židom, lebo doľahol na nich strach pred Židmi"* (Est 8, 17).

A tak sa aj pohania po skúsenosti so živým Bohom, ktorý pracoval pre Izraelitov, začali Boha báť a uctievať Ho. A dokonca aj ako potomstvo spoznávame Božiu vznešenosť a uctievame Ho na základe takýchto udalostí a prípadov.

Po druhé, Boh si vyvolil Izrael a viedol jeho ľud, pretože chcel, aby si celé ľudstvo prostredníctvom dejín Izraela uvedomilo dôvod stvorenia a kultivácie ľudí.

Boh kultivuje ľudstvo, pretože chce získať pravé deti. Pravým Božím dieťaťom je ten, kto sa podobá Bohu, ktorý je vo svojej podstate dobrota a láska, a ktorý je spravodlivý a svätý. Je to preto, lebo takéto Božie deti Ho milujú a žijú podľa Jeho vôle.

Keď Izrael žil podľa Božích prikázaní a slúžil Mu, Boh povýšil Izraelitov nad všetkých ľudí a národy. Naopak, keď Izraeliti slúžili modlám a nedodržiavali Božie prikazania, boli predmetom všetkých druhov trápení a nešťastia, ako sú vojny a prírodné katastrofy, či dokonca zajatie.

Každý krok procesu naučil Izraelitov pokoriť sa pred Bohom, a zakaždým, keď sa pokorili, Boh ich obnovil Jeho nekonečným milosrdenstvom a láskou a vzal ich do náručia Jeho milosti.

Keď kráľ Šalamún miloval Boha a dodržiaval Jeho prikázania, tešil sa veľkej sláve a veľkoleposti, ale keď sa od Boha vzdialil a slúžil modlám, sláva a veľkoleposť, ktorým sa tešil, sa pominuli. Keď králi Izraela, ako Dávid, Jozafat a Ezechiáš, kráčali podľa Božieho zákona, krajina bola silná a prosperovala, ale bola slabá a predmetom cudzích invázii za vlády kráľov, ktorí odbočili od Božích ciest.

Týmto spôsobom história Izraela jasne zjavuje Božiu vôľu a slúži ako zrkadlo, ktoré odráža Božiu vôľu všetkým ľuďom a národom. Jeho vôľa prehlasuje, že ak ľudia stvorení na Boží obraz a podobu dodržiavajú Jeho prikázania a stanú sa svätými podľa Jeho slova, dostanú Božie požehnanie a budú žiť v Jeho milosti.

Izrael bol vybraný zjaviť Božiu prozreteľnosť všetkým ľuďom a národom a získal obrovské požehnanie skrze služby Bohu, ako národ kňazov poverených Božím slovom. Aj keď Izraeliti zhrešili, ak sa obrátili s pokorným srdcom, Boh im odpustil ich hriechy a obnovil ich podľa sľubu ich veľkým predkom.

Najväčším požehnaním zo všetkých, ktoré Boh prisľúbil a vymedzil pre Jeho vyvolených, bol úžasný prísľub slávy, že z nich vzíde Mesiáš.

Veľkí predkovia

Počas dlhej histórie ľudstva Boh Jeho krídlami ochránil Izrael a poslal Božích ľudí v Ním určenej dobe, aby meno Izrael nikdy nezaniklo. Božími ľuďmi boli tí, ktorí prišli ako správne ovocie v súlade s prozreteľnosťou Božej kultivácie ľudstva, a z lásky k Nemu dodržiavali Božie slovo. Boh položil základy štátu Izrael prostredníctvom veľkých predkov Izraela.

Abrahám, otec viery

Abrahám bol označený za otca viery v dôsledku jeho vernosti a poslušnosti a mal vytvoriť veľký národ. Narodil sa asi pred štyritisíc rokmi v Chaldejskom Ure a potom, čo bol povolaný Bohom, získal si Božiu lásku a uznanie do takej miery, že bol nazvaný Božím „priateľom".

Boh zavolal Abraháma a prisľúbil mu:

Odíď zo svojej krajiny, od svojho príbuzenstva a zo svojho otcovského domu do krajiny, ktorú ti ukážem. Urobím z teba veľký národ, požehnám ťa a preslávim tvoje meno a ty budeš požehnaním (Gn 12, 1-2).

V tej dobe už Abrahám nebol mladým mužom, bol bezdetný a netušil, kam ide, a preto nebolo jednoduché poslúchnuť. Aj keď nevedel, kam bol vedený, Abrahám poslúchol, pretože veril iba a úplne slovu Boha, ktorý Jeho sľuby nikdy neporuší. A tak Abrahám kráčal vo viere vo všetkom, čo robil a počas svojho života získal všetky požehnania, ktoré mu Boh sľúbil.

Abrahám nepreukázal Bohu len dokonalú poslušnosť a skutky viery, ale vždy vyhľadával dobrotu a mier s ľuďmi okolo neho. Napríklad, keď Abrahám opustil Haran podľa Božieho príkazu, jeho synovec Lot išiel s ním. Keď sa ich majetky rozrástli, Abrahám a Lot už nemohli zostať v rovnakej krajine. Nedostatok vody a pastvín viedlo k „sporu medzi pastiermi Abrahámovho dobytka a pastiermi Lotovho dobytka" (Gn 13, 7). Aj keď bol Abrahám oveľa starší, nevyžadoval ani nevyhľadával vlastné výhody. Nechal svojho synovca Lota, aby si vybral lepšiu krajinu. V Gn 13, 9 povedal Lotovi: *„Či nie je pred tebou celá krajina?! Preto sa, prosím, odlúč odo mňa! Ak ty pôjdeš naľavo, ja pôjdem napravo, ak ty napravo, ja pôjdem naľavo!"*

Pretože Abrahám bol muž čistého srdca, nikdy nevzal niť ani remienok z obuvi, nič z toho, čo patrilo niekomu inému (Gn 14, 23). Keď mu Boh povedal, že mestá Sodoma a Gomora, ktoré sa utápali v hriechu, budú zničené, Abrahám, človek duchovnej lásky, prosil Boha a dostal od Neho slovo, že nezničí Sodomu, ak v meste nájde desať spravodlivých ľudí.

Dobrota a viera Abraháma boli dokonalé až do tej miery, že

poslúchol príkaz Boha, ktorý ako zápalnú obetu žiadal život jeho jediného syna.

V Gn 22, 2 Boh prikázal Abrahámovi: *"Vezmi svojho syna, svojho jediného syna Izáka, ktorého miluješ, a choď do krajiny ,Morja'! Tam ho obetuj ako zápalnú obetu na jednom z vrchov, ktorý ti ukážem."*

Izák sa Abrahámovi narodil, keď mal Abrahám sto rokov. Predtým, ako sa Izák narodil, Boh povedal Abrahámovi, že ten, kto vyjde z jeho vlastného tela, bude jeho dedičom, a že jeho potomkov bude ako hviezd. Ak by Abrahám konal podľa telesných myšlienok, neposlúchol by Božie prikázanie a neobetoval by Izáka. Ale Abrahám ihneď poslúchol bez požadovania dôvodov.

V okamihu, keď Abrahám po vybudovaní oltára vystrel ruku, aby zabil Izáka, Boží anjel naň zavolal a povedal: *"Abrahám, Abrahám. Nevystieraj ruku na chlapca a neubližuj mu! Teraz som totiž poznal, že sa bojíš Boha a neušetril si svojho jediného syna kvôli mne"* (Gn 22, 11-12). Aká požehnaná a dojemná je táto scéna?

Pretože sa Abrahám nikdy nespoliehal na telesné myšlienky, v jeho srdci neboli žiadne konflikty alebo úzkosť, a preto mohol skrze vieru poslúchnuť Boží príkaz. Celú vieru vložil do verného Boha, ktorý určite splní to, čo sľúbil, do všemohúceho Boha, ktorý oživuje mŕtvych a Boha lásky, ktorý túži dať Jeho deťom len dobré veci. Keďže Abrahámovo srdce bolo iba poslušné a preukazovalo skutky viery, Boh urobil z Abraháma otca viery.

Pretože si toto urobil a svojho syna, svojho jediného si neušetril predo mnou, zahrniem ťa požehnaním a prenáramne rozmnožím tvoje potomstvo. Bude ho ako hviezd na nebi a ako piesku na morskom brehu. Tvoje potomstvo sa zmocní brán svojich nepriateľov a v tvojom potomstve budú požehnané všetky národy zeme preto, že si poslúchol môj hlas (Gn 22, 16-18).

Keďže Abrahám mal druh a veľkosť dobroty a viery, aby sa zapáčil Bohu, bol nazvaný „priateľom" Boha a vyhlásený za otca viery. Tiež sa stal otcom všetkých národov a zdrojom všetkého požehnania podľa Božieho prisľúbenia, keď k nemu prvýkrát prehovoril: *„Požehnám tých, čo ťa budú žehnať, a prekľajem tých, čo ťa budú preklínať! V tebe budú požehnané všetky pokolenia zeme!"* (Gn 12, 3)

Božia prozreteľnosť skrze Jakuba, otca Izraela a rojka Jozefa

Otcovi viery Abrahámovi sa narodil Izák. Izák mal dvoch synov – Ezaua a Jakuba. Boh si vyvolil Jakuba, ktorého srdce bolo lepšie ako srdce jeho brata, keď bol ešte v matkinom lone. Jakub neskôr dostal meno „Izrael" a stal sa pôvodcom izraelského národa a otcom dvanástich kmeňov.

Jakub tak veľmi túžil po Božom požehnaní a duchovných záležitostiach, že za šošovicovú polievku kúpil prvorodenstvo staršieho brata Ezaua a podvedením otca Izáka ukradol Ezauovi aj požehnanie. Jakub mal v sebe nečestné vlastnosti, ale Boh vedel, že akonáhle bude Jakub premenený, stane sa veľkou nádobou. Z tohto dôvodu Boh dovolil, aby bol Jakub dvadsať rokov skúšaný, aby sa tak jeho vlastné ja úplne zlomilo a pokoril sa.

Keď Jakub ľstivým spôsobom ukradol prvorodenstvo staršiemu bratovi Ezauovi, Ezau sa ho pokúsil zabiť. A preto Jakub musel pred ním utiecť. Nakoniec Jakub odišiel k strýkovi Labanovi a pásol tam ovce a kozy. V starostlivosti o strýkove ovce a kozy Jakub veľmi ťažko pracoval. Preto v Gn 31, 40 vyznal: *„Za dňa som hynul od horúčavy, za noci od zimy a spánok mi odchádzal od očí."*

Boh odpláca každému človeku to, čo zaseje. Videl, ako Jakub poctivo pracuje a požehnal ho veľkým bohatstvom. Keď Boh povedal, aby sa vrátil do vlasti, Jakub odišiel od Labana a spolu s rodinou a majetkom vyrazil domov. Keď prišiel k rieke Jabok, Jakub sa dopočul, že jeho brat Ezau bol na druhej strane rieky so štyristo mužmi.

Jakub sa k Labanovi nemohol vrátiť kvôli sľubu, ktorý mu dal. Nemohol ani prejsť cez rieku a ísť smerom k Ezauovi, ktorý túžil po pomste. Čeliac týmto ťažkostiam sa Jakub už nespoliehal na vlastný rozum, ale v modlitbe všetko odovzdal Bohu. Jakub sa úplne zbavil každej myšlienky a tak horlivo v modlitbe žiadal Boha, až mu vyskočil kĺb.

Jakub zápasil s Bohom a zvíťazil, a tak ho Boh požehnal slovami: *„Nebudeš sa už volať Jakub, ale Izrael, lebo si zápasil s Bohom a s mužmi a zvíťazil si"* (Gn 32, 28). Jakub sa potom zmieril aj s bratom Ezauom.

Dôvodom, prečo si Boh vyvolil Jakuba bolo to, že bol veľmi vytrvalý a priamy, a že prostredníctvom skúšok sa stal veľkou nádobou, ktorá hrala významnú úlohu v dejinách Izraela.

Jakub mal dvanásť synov a dvanásť synov položilo základy k vytvoreniu izraelského národa. Ale pretože boli len obyčajným kmeňom, Boh naplánoval, že ich umiestní do Egypta, ktorý bol silným štátom, až kým sa potomkovia Jakuba nestanú veľkým národom.

Tento plán vznikol z lásky Boha, ktorý ich chránil pred inými národmi. Človek, ktorý bol poverený touto monumentálnou úlohou, bol Jozef, ktorý bol jedenástym Jakubovým synom.

Spomedzi dvanástich synov Jakub tak veľmi miloval Jozefa, že ho obliekal do pestrofarebného plášťa, a tak ďalej. Jozef sa stal terčom nenávisti a žiarlivosti jeho bratov a vo veku sedemnásť rokov bol bratmi predaný do otroctva v Egypte. Ale nikdy sa nesťažoval ani bratmi neopovrhoval.

Jozef bol predaný do domu Putifara, faraónovho dôstojníka, kapitána telesnej stráže. Usilovne a poctivo tam pracoval a získal si priazeň a dôveru Putifara. Preto sa Jozef stal správcom Putifarovho domu a bola mu zverená celá domácnosť.

Ale vznikol problém. Jozef bol veľmi krásneho vzhľadu a manželka jeho pána ho začala zvádzať. Jozef bol priamym človekom a úprimne sa Boha bál, a preto, keď ho zvádzala, smelo jej povedal: „*Ako by som sa mohol dopustiť takej veľkej krivdy a proti Bohu sa prehrešiť?*" (Gn 39, 9)

Nakoniec bol Jozef v dôsledku jej nepodloženého obvinenia

uväznený spolu s kráľovými väzňami. Dokonca aj vo väzení bol Boh s Jozefom a vďaka priazne Boha bola Jozefovi čoskoro zverená zodpovednosť „za všetko, čo sa vo väzení stalo."

Vďaka týmto udalostiam Jozef získal múdrosť, ktorou mohol neskôr viesť národ, rozvíjať jeho politické dispozície a stať sa veľkou nádobou, ktorá mohla do srdca prijať mnoho ľudí.

Po výklade faraónových snov a po ponúknutí múdreho riešenia problému faraóna a jeho ľudí sa Jozef stal spoluvládcom Egypta hneď po faraónovi. A tak hlbokou Božou prozreteľnosťou a prostredníctvom týchto Jozefových skúšok Boh posadil Jozefa do pozície miestokráľa vo veku tridsiatich rokov v jednej z najmocnejších krajín tej doby.

Podľa Jozefovho výkladu faraónových snov, Blízky východ, vrátane Egypta, sedem rokov trpel hladom, ale keďže o všetko bolo dopredu postarané, Jozef dodával potraviny celému Egyptu. Jozefovi bratia prišli do Egypta pri hľadaní potravy, pomerili sa so svojím bratom a aj zvyšok rodiny sa čoskoro presťahoval do Egypta, v ktorom žili v blahobyte a vydláždili tak cestu zrodeniu izraelského národa.

Mojžiš: veľký vodca, ktorý premenil Exodus v realitu

Po usadení v Egypte sa potomkovia Izraela rozrástli v množstve a prosperite a čoskoro sa stali dosť veľkými a početnými na to, aby vytvorili vlastný národ.

Keď k moci prišiel nový kráľ, ktorý nepoznal Jozefa, začal brániť prosperite a sile potomkov Izraela. Čoskoro kráľ a súdni úradníci začali strpčovať život Izraelitov ťažkou prácou s hlinou a tehlami, rozličnými druhmi poľných prác a všetkými prácami, do ktorých ich násilne nútili (Ex 1, 13-14).

Avšak, *„ale čím viac ho utláčali, tým väčšmi sa rozmnožoval a rozrastal, takže sa Izraelitov priam desili"* (Ex 1, 12). Faraón čoskoro nariadil zabiť všetkých izraelských chlapcov hneď pri narodení. Keď Boh začul Izraelitov volať o pomoc kvôli ich otroctvu, rozpamätal sa na svoju zmluvu s Abrahámom, Izákom a Jakubom.

A tebe i tvojmu potomstvu po tebe dám krajinu, v ktorej si ako prišelec, celú zem Kanaán do večného vlastníctva; a budem vaším Bohom (Gn 17, 8).

Zem, ktorú som dal Abrahámovi a Izákovi, dávam aj tebe a tú zem dám aj tvojmu potomstvu po tebe (Gn 35, 12).

Aby bolo možné vyviesť izraelských synov z ich trápenia a priviesť ich do Kanaánskej krajiny, Boh pripravil človeka, ktorý bude bezpodmienečne konať podľa Jeho príkazov a s Jeho srdcom povedie Jeho ľud.

Tento človek bol Mojžiš. Po Mojžišovom narodení ho rodičia ukrývali po dobu troch mesiacov, ale keď už ho nemohli ďalej skrývať, dali ho do prúteného koša a kôš vložili do tŕstia na brehu Nílu. Keď faraónova dcéra objavila dieťa v prútenom koši a rozhodla sa ho prijať za svoje, sestra dieťaťa, ktorá stála obďaleč, aby zistila, čo sa s dieťaťom stane, odporučila faraónovej dcére za opatrovateľku biologickú matku Mojžiša.

A tak bol Mojžiš vychovávaný v kráľovskom paláci jeho biologickou matkou, a preto vyrastal prirodzene sa učiac o Bohu a Izraelitoch, jeho vlastných ľuďoch.

Potom jedného dňa videl, ako bol jeho židovský priateľ bitý Egypťanom a v úzkosti zabil Egypťana. Keď to vyšlo na svetlo sveta, Mojžiš utiekol z prítomnosti faraóna a usadil sa v krajine Madian. Štyridsať rokov pásol ovce. To bolo súčasťou prozreteľnosti Boha, ktorý chcel skúšať a vycvičiť Mojžiša ako vodcu Exodusu.

V čase Božieho výberu Boh zavolal na Mojžiša a prikázal mu, aby vyviedol Izraelitov z Egypta a doviedol ich do Kanaánu, krajiny oplývajúcej mliekom a medom.

Ale pretože mal faraón zatvrdené srdce, nepočúvol Boží príkaz, ktorú mu bol daný prostredníctvom Mojžiša. V dôsledku toho Boh priviedol na Egypt desať epidémií a Izraelitov z egyptskej krajiny vyviedol nasilu.

Až keď faraón stratil svojich prvorodených synov, jeho ľudia pokľakli pred Bohom a Izraeliti boli z otroctva prepustení. Sám Boh viedol každý krok Izraelitov na ich ceste, Boh rozdelil Červené more, aby na druhú stranu prešli po súši. Keď nemali žiadnu vodu na pitie, Boh nechal zo skaly vytrysknúť prameň vody, a keď nemali čo jesť, Boh im zoslal mannu a prepelice. Boh vykonal tieto divy a zázraky skrze Mojžiša, aby zabezpečil prežitie miliónov Izraelitov na púšti po dobu štyridsať rokov.

Verný Boh doviedol ľud Izraela do Kanaánskej krajiny skrze Jozuu, Mojžišovho nástupcu. Boh pomohol Jozueovi a jeho ľudu prekročiť rieku Jordán Božou cestou a dovolil im dobyť Jericho. A Jeho vlastným spôsobom im Boh dovolil dobyť a vlastniť väčšinu Kanaánskej krajiny, ktorá oplývala mliekom a medom.

Samozrejme, že dobytie Kanaánu nebolo len Božím požehnaním pre Izraelitov, ale bolo tiež výsledkom Jeho spravodlivého súdu nad obyvateľmi Kanaánu, ktorí boli skazení hriechom a zlom. Obyvatelia Kanaánskej krajiny sa stali veľmi skazenými a boli predmetom rozsudku, a tak v Jeho spravodlivosti Boh viedol Izraelitov, aby sa zmocnili krajiny.

Ako Boh povedal Abrahámovi: *„Ale vo štvrtom pokolení sa sem vrátia, lebo ešte nie sú dovŕšené neprávosti Amorejčanov"* (Gn 15, 16), Abrahámovi potomkovia, Jakub a jeho synovia, opustili Kanaán kvôli Egyptu a usadili sa tam, ale ich potomkovia sa vrátili do Kanaánskej krajiny.

Dávid vybudoval silný Izrael

Po dobytí Kanaánskej krajiny Boh vládol nad Izraelom prostredníctvom sudcov a prorokov počas obdobia sudcov a potom sa Izrael stal kráľovstvom. Za vlády kráľa Dávida, ktorý nadovšetko miloval Boha, boli položené základy národa.

V mladosti Dávid prakom a kameňom zabil veľkého

filištínskeho bojovníka a po uznaní jeho služby na bojisku, Dávid velil vojakom v armáde kráľa Saula. Keď sa Dávid vrátil domov potom, čo porazil Filištínov, mnoho žien hralo a spievalo: „Saul pobil tisíce, ale Dávid desaťtisíce." A všetci Izraeliti začali milovať Dávida. Kráľ Saul zo žiarlivosti zosnoval plán zabiť Dávida.

Uprostred Saulovho zúfalého prenasledovania mal Dávid dve príležitosti kráľa zabiť. Dávid však odmietol zabiť kráľa, ktorý bol pomazaný samotným Bohom. Voči kráľovi vždy konal len dobre. Raz sa Dávid sklonil tvárou k zemi, poklonil sa a kráľovi Saulovi povedal: *„A pozri, otče môj, pozri na okraj svojho plášťa, ktorý mám v ruke! Z toho, že som ti odťal okraj plášťa a nezabil som ťa, poznávaš a vidíš, že nemám v sebe zlosť a hriech a neprevinil som sa proti tebe. A ty mi číhaš na život, chceš mi ho odňať'"* (1 Sam 24, 11).

Dávid, človek so srdcom podobným Božiemu, vo všetkom hľadal dobrotu aj potom, keď sa stal kráľom. Dávid za svojej vlády spravodlivo vládol jeho kráľovstvu a upevnil ho. Keďže Boh chodil s kráľom, Dávid víťazil vo vojnách proti susedným Filištíncom, Moábcom, Amálekovcom, Amóncom a Edomitom. On rozšíril izraelské územie a zisky z vojny a dane iba zvýšili poklady Dávidovho kráľovstva. Preto sa tešil obdobiu prosperity.

Dávid tiež presunul Božiu Archu zmluvy do Jeruzalema, zaviedol postup ponúkania obiet a posilnil vieru v Pána Boha. Kráľ tiež ustanovil Jeruzalem za politické a náboženské centrum kráľovstva a pripravil všetko pre výstavbu svätého Božieho chrámu, ktorá sa mala uskutočniť za vlády jeho syna, kráľa Šalamúna.

Izrael bol počas celej jeho histórie najsilnejším a najveľkolepejším za vlády kráľa Dávida. Kráľ Dávid bol jeho ľudom veľmi obdivovaný a vzdával Bohu veľkú slávu. Navyše, aký veľký musel byť praotec Dávid, keďže Mesiáš mal pochádzať z jeho potomkov?

Eliáš priviedol srdce Izraelitov späť k Bohu

Šalamún, syn kráľa Dávida, ku koncu života uctieval modly a po jeho smrti bolo kráľovstvo rozdelené na dve polovice. Spomedzi dvanástich kmeňov Izraela desať vytvorilo Izraelské kráľovstvo na severe a ostatné kmene vytvorili Judské kráľovstvo na juhu.

V Izraelskom kráľovstve Jeho ľudu zjavovali Božiu vôľu proroci Amos a Ozeáš, zatiaľ čo proroci Izaiáš a Jeremiáš boli Jeho poslami v Júdskom kráľovstve. Kedykoľvek nadišiel čas Božieho výberu, Boh poslal Jeho prorokov a skrze nich splnil Jeho vôľu. Jedným z nich bol prorok Eliáš. Eliáš Mu slúžil v severnom kráľovstve za vlády kráľa Achaba.

Počas Eliášovej doby priniesla pohanská kráľovná Jezebel do Izraela baála a modloslužobníctvo sa v celom kráľovstve stalo nekontrolovateľným. Prvá misia, ktorú musel prorok Eliáš vykonať, bolo povedať kráľovi Achabovi, že ako výsledok Božieho rozsudku nad ich modloslužobníctvom v Izraeli nebude pršať tri a pol roka.

Keď sa prorok dozvedel, že kráľ a kráľovná sa ho snažia

zabiť, Eliáš utiekol do Sarepty, ktorá patrila Sidonu. Tam od vdovy dostal posúch a na oplátku za jej službu ju Eliáš úžasne požehnal tým, že kým sa hladomor neskončil, miska múky sa nevyprázdnila a olej sa neminul. Neskôr Eliáš vzkriesil mŕtveho syna tejto vdovy.

Na vrchu hory Karmel Eliáš bojoval proti štyristo päťdesiatim prorokom Baála a štyristo prorokom Ašéry a priviedol z neba Boží oheň. Aby srdcia Izraelitov odvrátil od modiel a viedol ich späť k Bohu, Eliáš opravil oltár Boha, obetu a oltár polial vodou a vrúcne sa k Bohu modlil.

„Pane, Bože Abraháma, Izáka a Izraela, dnes ukáž, že ty si Boh v Izraeli a ja som tvoj služobník a že som toto všetko urobil na tvoje slovo! Vyslyš ma, Pane, vyslyš ma, nech sa tento ľud dozvie, že ty si Pán, Boh, a že ty si obrátil ich srdce späť!" Vtom spadol *Pánov oheň a strávil obetu, drevo, kamene, zem a zlízal aj vodu, ktorá bola v jarčeku. Keď to všetok ľud videl, padol na tvár a hovoril: „Pán je Boh! Pán je Boh!"* Nato im Eliáš povedal: *„Pochytajte Bálových prorokov, nech z nich neujde ani jeden." Pochytali ich a Eliáš ich dal zaviesť k potoku Kišon a tam ich dal pobiť* (1 Kr 18, 36-39).

Ďalej, po tri a pol roku sucha priviedol z neba dážď, prekročil rieku Jordán, ako keby kráčal po suchej zemi a prorokoval veci, ktoré sa mali stať. Eliáš jasne svedčil o živom Bohu uskutočňovaním úžasnej Božej moci.

2 Kr 2, 11 hovorí: *„A ako išli v rozhovore, zrazu ich oddelil od seba ohnivý voz a ohnivé kone a Eliáš vystúpil vo víchrici do neba.* " Pretože sa Eliáš vierou zapáčil Bohu a získal Jeho lásku a uznanie, prorok vystúpil na nebesia bez toho, aby zomrel.

Daniel zjavil Božiu slávu národom

Dvestopäťdesiat rokov neskôr, okolo roku 605 p.n.l., v treťom roku vlády kráľa Jójakíma, padol Jeruzalem v dôsledku invázie babylonského kráľa Nabuchodonozora a mnoho členov kráľovskej rodiny Judského kráľovstva padlo do zajatia.

Ako súčasť zmierovacieho rozhodnutia kráľ Nabuchodonozor nariadil Asfenezovi, veliteľovi jeho úradníkov, aby priviedol zo synov Izraela, vrátane z kráľovského potomstva a spomedzi šľachticov, ďalej mladíkov, na ktorých niet nijakej chyby, pekného zovňajšku, vnímavých pre každú múdrosť, vystrojených znalosťami a chápavých na vedomosti, ktorí by boli schopní slúžiť v kráľovskom paláci. A kráľ mu nariadil, aby ich naučil chaldejskému písmu a reči. Medzi týmito mladíkmi bol aj Daniel (Dan 1, 3-4).

Daniel si však zaumienil, že sa nepoškvrní kráľovým pokrmom ani vínom, ktoré píjaval a prosil teda veliteľa eunuchov, aby sa nemusel poškvrniť. (Dan 1, 8).

Aj keď bol vojnovým zajatcom, Daniel dostal Božie požehnanie, pretože sa Ho bál v každej oblasti života. Boh dal Danielovi a jeho priateľom múdrosť, vedomosti a inteligenciu v každom odbore literatúry. Daniel dokonca rozumel aj všetkým videniam a snom (Dan 1, 17). To vysvetľuje prečo, aj keď sa kráľovstvo zmenilo, bol kráľmi naďalej obľúbený a uznávaný. Keď perzský kráľ Darius zistil, že Daniel mal mimoriadneho ducha, snažil sa ho urobil zodpovedným za celé kráľovstvo. Potom začala skupina kráľovských radcov na Daniela žiarliť a začali hľadať dôvod obvinenia proti Danielovi vo vzťahu k vládnym záležitostiam. Ale nemohli nájsť nijaký dôvod obvinenia ani dôkazy o korupcii. Keď sa dozvedeli, že Daniel sa trikrát denne modlil k Bohu, náčelníci a satrapovia prišli pred kráľa a vyzvali ho, aby ustanovil zákon, podľa ktorého každého, kto by mesiac prosil iného boha alebo človeka okrem kráľa, hodia do levovej jamy. Daniel nezaváhal, ale aj s rizikom, že stratí svoju povesť, vysoké postavenie a život v levovej jame, pokračoval v modlitbe, tvárou obrátený k Jeruzalemu tak, ako to robil predtým.

Na rozkaz kráľa bol Daniel hodený do levovej jamy, ale pretože Boh poslal svojho anjela a zavrel ústa levom, Danielovi sa nič nestalo. Keď sa to kráľ Darius dozvedel, napísal všetkým ľuďom a národom každého jazyka do všetkých krajín a nechal ich spievať žalmy a vzdávať Bohu slávu:

„Odo mňa vychádza rozkaz: Nech sa po celom vladárstve môjho kráľovstva trasú a boja pred Danielovým Bohom, lebo je to Boh živý a trvá naveky, jeho kráľovstvo nezahynie, jeho vladárstvo trvá do konca. On zachraňuje a vyslobodzuje, robí znamenia

a zázrak na nebi i na zemi. On zachránil Daniela od levov" (Dan 6, 26-27).

Okrem predkov viery, ktorí mali u Boha veľké renomé, ako som už spomenul vyššie, žiadne množstvo papiera a atramentu by nestačilo na opis skutkov viery Gideona, Baraka, Samsona, Jefteho, Samuela, Izaiáša, Jeremiáša, Ezechiela, Danielových troch priateľov, Ester a všetkých prorokov spomenutých v Biblii.

Veľkí predkovia pre všetky národy zeme

Od prvých dní izraelského národa Boh osobne zmapoval a viedol priebeh jeho histórie. Zakaždým, keď sa Izrael ocitol v kríze, Boh ho vyslobodil skrze prorokov, ktorých pripravil a riadil históriu Izraela.

Preto na rozdiel od iných národov, dejiny Izraela sa už od čias Abraháma vyvíjajú v súlade s Božou prozreteľnosťou a budú sa aj naďalej vyvíjať v súlade s Božím plánom až do konca vekov.

A tak Boh neurčil a nepoužil otcov viery medzi ľudom Izraela na splnenie Jeho prozreteľnosti a plánu len pre Jeho vyvolených Izraelitov, ale pre všetkých ľudí na celom svete, ktorí v Boha veria.

Veď z Abraháma sa má stať veľký a mocný národ a v ňom majú byť požehnané všetky národy zeme (Gn 18, 18).

Boh si želá, aby sa „všetky národy zeme" stali skrze vieru

Abrahámovými deťmi a dostali Abrahámove požehnania. On nevymedzil požehnania len pre Jeho vyvolených Izraelitov. Boh Abrahámovi sľúbil v Genesis 17, 4-5, že sa stane otcom mnohých národov, v Genesis 12, 3, že v ňom budú požehnané všetky pokolenia zeme a v Genesis 22, 17-18, že všetky národy zeme budú požehnané jeho potomstvom.

Navyše, počas histórie Izraela Boh otvoril cestu, ktorou všetky národy zeme zistia, že len Pán Boh je pravý Boh, budú Mu slúžiť a stanú sa Jeho pravými a milujúcimi deťmi.

> *„Hľadali ma tí, čo sa nepýtali, našli ma tí, čo nehľadali. Vravel som: ‚Hľa, tu som, tu som!' národu, čo nevzýval moje meno"* (Iz 65, 1).

Boh ustanovil veľkých predkov a osobne vedie a riadi históriu Izraela, aby nielen Jeho vyvolení Izraeliti, ale aj pohania volali Jeho meno. Boh pred vekmi ukončil históriu kultivácie ľudstva, ale teraz má ďalší skvelý plán, a tým je, že použije prozreteľnosť kultivácie ľudstva aj na pohanov. Preto, keď nadišla doba Jeho výberu, Boh poslal svojho Syna do Izraela, nielen ako Mesiáša Izraela, ale ako Mesiáša celého ľudstva.

Ľudia, ktorí svedčia o Ježišovi Kristovi

Naprieč históriou kultivácie ľudstva bol Izrael vždy v centre plnenia Božej prozreteľnosti. Boh sa zjavil otcom viery, prisľúbil im veci, ktoré sa mali stať a splnil ich podľa svojho prisľúbenia. Izraelitom tiež povedal, že z Júdovho pokolenia a z Dávidovho domu vzíde Mesiáš a zachráni všetky národy zeme.

Preto Izrael čaká na Mesiáša, o ktorom bolo prorokované v Starom zákone. *Mesiáš je Ježiš Kristus.* Samozrejme, že ľudia, ktorí veria v judaizmus, neuznávajú Ježiša ako Božieho Syna a Mesiáša, ale namiesto toho stále čakajú na Jeho príchod.

Ale Mesiáš, na ktorého Izrael čaká, a Mesiáš, o ktorom bude zvyšok tejto kapitoly, je jeden a ten istý.

Čo hovoria ľudia o Ježišovi Kristovi? Ak preskúmate proroctvá o Mesiášovi, ich naplnenie a kvalifikácie Mesiáša, iba potvrdíte skutočnosť, že Mesiáš, ktorého Izrael túžobne očakáva, nie je nikto iný ako Ježiš Kristus.

Pavol, prenasledovateľ Ježiša Krista, sa stal Jeho apoštolom

Pavol sa narodil v Tarze v Cilícii, v dnešnom Turecku, približne pred dvetisíc rokmi, a jeho rodné meno bolo Šavol.

Šavol bol obrezaný ôsmeho dňa po narodení, bol z rodu Izraela, z Benjamínovho kmeňa, Hebrejec z Hebrejcov. Z hľadiska spravodlivosti podľa zákona bol Šavol bez úhony. Bol vychovávaný Gamalielom, učiteľom zákona, ktorý bol rešpektovaný všetkými ľuďmi. Žil presne podľa zákona otcov a mal štátne občianstvo Rímskej ríše, ktorá bola v tej dobe najmocnejšou krajinou na svete. Stručne povedané, z telesného hľadiska, pokiaľ išlo o jeho rodinu, rodokmeň, vzdelanie, bohatstvo alebo moc, Šavlovi nič nechýbalo.

Pretože nadovšetko miloval Boha, Šavol horlivo prenasledoval nasledovníkov Ježiša Krista. Dôvodom bolo to, že keď počul tvrdenie kresťanov, že ukrižovaný Ježiš bol Boží Syn a Spasiteľ, a že Ježiš bol vzkriesený na tretí deň po Jeho smrti, Šavol to považoval za rúhanie sa samotnému Bohu.

Šavol si tiež myslel, že nasledovníci Ježiša Krista predstavovali hrozbu pre farizejský judaizmus, ktorý tak vášnivo nasledoval. Z tohto dôvodu ich Šavol neúnavne prenasledoval, zničil kostol a dokonca viedol uväzňovanie ľudí veriacich v Ježiša Krista.

Uväznil mnoho kresťanov a hlasoval proti nim, keď mali byť popravení. Tiež trestal veriacich vo všetkých synagógach, snažil sa ich prinútiť, aby sa rúhali Ježišovi Kristovi a neustále ich prenasledoval, dokonca aj v cudzích mestách.

Potom Šavol zažil nevšedný zážitok, ktorý obrátil jeho život hore nohami. Na ceste do Damasku ho zrazu obklopilo svetlo z neba.

„Šavol, Šavol, prečo ma prenasleduješ?"

„Kto si, Pane?"
„Ja som Ježiš, ktorého ty prenasleduješ."

Šavol vstal zo zeme, ale nič nevidel, a tak ho ľudia priviedli do Damasku. Zostal tam bez zraku tri dni. Nejedol ani nepil. Po tejto udalosti sa učeníkovi menom Ananiáš zjavil vo videní Pán.

Vstaň a choď do ulice, ktorá sa volá Rovná, a v Júdovom dome vyhľadaj Šavla prímením Tarzského; práve sa modlí a vidí muža menom Ananiáša, ako vchádza a vkladá naň ruky, aby sa mu vrátil zrak... „Len choď, lebo jeho som si vyvolil za nádobu, aby zaniesol moje meno pohanom aj kráľom i synom Izraela; a ja mu ukážem, koľko musí trpieť pre moje meno" (Sk 9, 11-12; 15-16).

Keď Ananiáš položil na Šaula ruku a modlil sa za neho, okamžite mu z očí padlo niečo ako závažia a on znovu získal zrak. Po stretnutí s Pánom si Šavol skrz naskrz uvedomil svoje hriechy, a premenoval sa na „Pavla", čo znamená „malý človek". Od tej chvíle Pavol smelo hlásal pohanom živého Boha a evanjelium Ježiša Krista.

Bratia, pripomínam vám, že evanjelium, ktoré som vám ja hlásal, nemá ľudský pôvod, lebo ja som ho neprijal ani som sa ho nenaučil od človeka, ale zo zjavenia Ježiša Krista. Vy ste počuli, ako som si kedysi počínal v židovstve: že som veľmi prenasledoval Božiu Cirkev a nivočil som ju. V židovstve som prevýšil mnohých vrstovníkov vo svojom rode, lebo som viac horlil za obyčaje svojich otcov. Ale keď sa Bohu, ktorý si ma už v lone matky vybral a svojou milosťou povolal, zapáčilo zjaviť vo mne svojho Syna, aby som ho zvestoval medzi pohanmi, už som sa neradil s telom a krvou, ani som nešiel do Jeruzalema za tými, čo boli apoštolmi prv ako ja, ale odišiel som do Arábie a opäť som sa vrátil do Damasku (Gal 1, 11-17).

Aj po stretnutí s Pánom Ježišom Kristom a hlásaní evanjelia Pavol čelil rôznym druhom utrpenia, ktoré sa slovami nedajú dostatočne opísať. Pavol sa často ocital vo väčších námahách, častejšie vo väzení, nesmierne veľa ráz bičovaný, často v nebezpečenstve smrti, často v bdení, o hlade a smäde, často v pôstoch, v zime a nahote (2 Kor 11, 23-27).

S jeho postavením, mocou, vzdelaním a múdrosťou mohol poľahky žiť prosperujúci a pohodlný život, ale Pavol sa toho všetkého zriekol a všetko, čo mal, odovzdal Pánovi.

Veď ja som najmenší z apoštolov. Ba nie som hoden volať sa apoštolom, lebo som prenasledoval Božiu cirkev. Ale z Božej milosti som tým, čím som, a jeho milosť nebola vo mne márna. Veď som pracoval viac ako oni všetci, vlastne ani nie ja, ale Božia milosť so mnou (1 Kor 15, 9-10).

Pavol mohol vysloviť toto odvážne vyznanie, pretože mal veľmi živú skúsenosť stretnutia s Ježišom Kristom. Pán sa nielen stretol s Pavlom na ceste do Damasku, ale tiež mu potvrdil Jeho prítomnosť uskutočnením úžasných skutkov moci.

Rukami Pavla Boh vykonal mimoriadne zázraky, a preto boli vreckovky a zástery dokonca prenášané z jeho tela na chorých, choroby sa uzdravovali a zlí duchovia odchádzali. Pavol tiež vzkriesil mladého muža menom Eutychus, keď spadol z tretieho poschodia a zomrel. Nie je možné vzkriesiť mŕtveho človeka bez Božej moci.

Starý zákon spomína, že prorok Eliáš vzkriesil mŕtveho syna vdovy v Sarepte a prorok Elizeus vzkriesil chlapca prominentnej ženy. Ako napísal žalmista v Žalme 62, 11: „*Raz prehovoril Boh, počul som toto dvoje: že Boh je mocný,*" Božia moc je daná Božím ľuďom.

Počas troch misijných ciest Pavol položil základy kázania evanjelia Ježiša Krista všetkým národom tým, že staval kostoly na mnohých miestach v Ázii a v Európe, vrátane Malej Ázie a Grécka. A tak bola otvorená cesta, prostredníctvom ktorej mohlo byť evanjelium Ježiša Krista kázané do všetkých kútov sveta a mohlo byť spasené nespočetné množstvo duší.

Peter zjavoval veľkú moc a zachránil nespočetné množstvo duší

Čo môžeme povedať o Petrovi, ktorý stál na čele hlásania evanjelia Židom? Predtým, ako stretol Ježiša, bol obyčajným rybárom, ale keď ho Ježiš povolal a na vlastné oči sa stal svedkom podivuhodných vecí, ktoré Ježiš vykonával, Peter sa stal jedným z jeho najlepších učeníkov.

Keď sa Peter stal svedkom druhu a veľkosti sily prejavených Ježišom, ktoré by žiadny iný človek nedokázal napodobniť, vrátane otvárania oči slepým, uzdravenia zmrzačených, vzkriesenia mŕtvych, videl Ježiša robiť dobré skutky a sledoval, ako Ježiš prehliada nedostatky ľudí a priestupky, Peter mohol veriť: „On skutočne prišiel od Boha." Jeho vyznanie nájdeme v Mt 16.

Ježiš sa spýtal svojich učeníkov: *„A za koho ma pokladáte vy?"* (v 15) A Peter odpovedal: *„Ty si Mesiáš, Syn živého Boha."* (v 16).

Potom sa Petrovi, ktorý vyslovil takéto odvážne vyznanie, stalo niečo nepredstaviteľné. Peter pri poslednej večeri vyznal pred Ježišom: *„Aj keby všetci odpadli od teba, ja nikdy neodpadnem"* (Mt 26, 33). Ale v tú noc, keď bol Ježiš zajatý a ukrižovaný, zo strachu zo smrti Peter trikrát Ježiša zaprel.

Po Ježišovom zmŕtvychvstaní a nanebovstúpení Peter dostal dar Ducha Svätého a bol premenený nádherným spôsobom. Každú minútu jeho života venoval kázaniu evanjelia o Ježišovi Kristovi bez strachu zo smrti. Raz, keď Peter odvážne svedčil o Ježišovi Kristovi, tritisíc ľudí konalo pokánie a bolo pokrstených. Dokonca aj pred židovskými vodcami, ktorí mu hrozili smrťou, odvážne prehlásil, že Ježiš Kristus je náš Pán a Spasiteľ.

"Robte pokánie a nech sa dá každý z vás pokrstiť v mene Ježiša Krista na odpustenie svojich hriechov a dostanete dar Svätého Ducha. Veď to prisľúbenie patrí vám a vašim deťom i všetkým, čo sú ďaleko; všetkým, ktorých si povolá Pán, náš Boh" (Sk 2, 38-39).

On je kameň, ktorý ste vy, stavitelia, zavrhli, a on sa stal kameňom uholným. A v nikom inom niet spásy, lebo niet pod nebom iného mena, daného ľuďom, v ktorom by sme mali byť spasení (Sk 4, 11-12).

Peter zjavoval Božiu moc uskutočňovaním mnohých znamení a zázrakov. V Lydde uzdravil človeka, ktorý bol osem rokov ochrnutý a v neďalekej Joppe vzkriesil Tabithu, ktorá ochorela a zomrela. Peter tiež uzdravil mrzáka a ten potom vstal a chodil. Uzdravoval ľudí, ktorí trpeli rôznymi chorobami a vyháňal démonov.

Božia moc sprevádzala Petra do tej miery, že ľudia dokonca vynášali chorých do ulíc a kládli ich na postele a lôžka, aby aspoň na niektorého z nich padol Petrov tieň, keď pôjde okolo. (Sk 5, 15)

Boh Petrovi vo videní zjavil, že evanjelium spásy bude hlásané aj pohanom. Jedného dňa, keď Peter vyšiel na strechu, aby sa modlil, pocítil hlad a prial si niečo jesť. Zatiaľ čo bolo jedlo pripravované, Peter sa dostal do vytrženia, videl otvorené nebo a zostupovať niečo ako veľké prestieradlo. Boli na ňom všetky druhy štvornožcov, zemeplazov a vtákov (Sk 10, 9-12). Peter potom počul hlas.

Petrovi hlas povedal: *"Peter, vstaň, zabíjaj a jedz!"* (v 13) Ale Peter povedal: *"Nijakým činom, Pane, veď som nikdy nejedol nič poškvrnené a nečisté"* (v 14). Ale hlas sa mu ozval znova, po druhý raz: *"Čo Boh očistil, ty nenazývaj poškvrneným"* (v 15). To sa stalo trikrát a potom bolo všetko vtiahnuté späť do neba. Peter nemohol pochopiť, prečo mu Boh prikázal jesť niečo, čo bolo podľa Mojžišovho zákona označené za „nečisté". Kým Peter premýšľal nad videním, Duch Svätý mu povedal: *"Hľadajú ťa traja muži. Vstaň teda, zíď dolu a bez váhania choď s nimi, lebo som ich ja poslal"* (Sk 10, 19-20). Traja muži prišli v mene pohana Kornélia, ktorý ich poslal, aby priviedli Petra do jeho domu.

Prostredníctvom tohto videnia Boh Petrovi zjavil, že On chcel, aby Jeho milosť bola hlásaná aj pohanom a vyzval Petra, aby aj im kázal evanjelium Pána Ježiša Krista. Peter bol taký vďačný Pánovi, ktorý ho miloval až do konca a ako Jeho apoštola ho poveril posvätnou úlohou, aj keď Ho on trikrát zaprel, že nepozeral na vlastný život pri vedení nespočetných duší na cestu spásy a zomrel mučeníckou smrťou.

Apoštol Ján prorokoval o posledných dňoch skrze zjavenie Ježiša Krista

Ján bol pôvodne rybárom v Galilei, ale potom, čo bol povolaný Ježišom, Ján s Ním vždy chodil a bol svedkom Jeho úžasných znamení a zázrakov. Ján videl, ako Ježiš premenil vodu na víno na svadbe v Káne, vyliečil nespočetné množstvo chorých, vrátane človeka, ktorý bol tridsaťosem rokov chorý, z mnohých vyháňal démonov a otváral oči slepým. Ján bol tiež svedkom toho, ako Ježiš kráčal po vode a vzkriesil Lazára, ktorý bol už štyri dni mŕtvy.

Ján nasledoval Ježiša, keď bol Ježiš premenený (Jeho tvár žiarila ako slnko a Jeho odev obelel ako svetlo) a rozprával sa s Mojžišom a Eliášom na vrchole hory Premenenia. Aj keď Ježiš poslednýkrát vydýchol na kríži, Ján počul, ako Ježiš jemu a Panne Márii povedal: *„Žena, hľa, tvoj syn!"* (Jn 19, 26) *„Hľa, tvoja matka!"* (Jn 19, 27)

Týmto tretím posledným slovom, ktoré Ježiš vyslovil na kríži, v telesnom zmysle Ježiš upokojoval Máriu, ktorá ho nosila pod srdcom a porodila, ale v duchovnom zmysle ohlasoval celému ľudstvu, že všetci veriaci sú bratia, sestry a matky.

Ježiš sa nikdy neodvolával na Máriu ako na Jeho „matku". Keďže Ježiš je Boží Syn, je teda vo svojej podstate sám Boh, nikto Ho nemohol porodiť, a preto nemohol mať matku. Ježiš Jánovi povedal: „Hľa, tvoja matka," pretože Ján mal slúžiť Márii ako matke. Od tej chvíle si Ján vzal Máriu k sebe a slúžil jej ako vlastnej matke.

Po Ježišovom zmŕtvychvstaní a nanebovstúpení Ján a ostatní apoštoli usilovne kázali evanjelium o Ježišovi Kristovi, aj napriek neustálemu ohrozovaniu Židmi. Prostredníctvom ich horlivého kázania evanjelia raná cirkev zažila veľkolepú rekonštrukciu, ale apoštoli boli neustále prenasledovaní.

Apoštol Ján bol vyslúchaný v rade Židov a neskôr bol

rímskym cisárom Domiciánom hodený do vriaceho oleja. Ale vďaka Božej moci a prozreteľnosti sa Jánovi nič nestalo a cisár ho vyhnal na grécky ostrov Patmos v Stredozemnom mori. Tam Ján komunikoval s Bohom v modlitbe a inšpiráciou Ducha Svätého a vedením anjelov videl mnoho hlbokých videní a zaznamenal zjavenie Ježiša Krista.

Zjavenie Ježiša Krista, ktoré mu dal Boh, aby ukázal svojim služobníkom čo sa má onedlho stať, a po svojom anjelovi ho poslal a naznačil svojmu služobníkovi Jánovi (Zjv 1, 1).

Inšpirovaný Duchom Svätým apoštol Ján podrobne napísal veci, ktoré sa majú stať v posledných dňoch, aby všetci ľudia prijali Ježiša za svojho Spasiteľa a pripravili sa na Jeho prijatie ako Kráľa kráľov a Pána pánov pri Jeho druhom príchode.

Členovia ranej cirkvi sa pevne držali svojej viery

Keď vzkriesený Ježiš vystúpil na nebesia, svojim učeníkom sľúbil, že sa vráti rovnakým spôsobom, ako Ho videli na nebesia vystupovať.

Nespočetné množstvo svedkov Ježišovho vzkriesenia a nanebovstúpenia si uvedomilo, že aj oni môžu byť vzkriesení a už sa viac nebáli smrti. To vysvetľuje, ako mohli žiť ich životy čeliac hrozbám a útlaku vládcov sveta a prenasledovaniu, ktoré ich často stálo životy. Nielen Ježišovi učeníci, ktorí Mu slúžili počas Jeho verejného účinkovania, ale aj nespočetné množstvo ďalších ľudí sa stali korisťou levov v Koloseu v Ríme, boli sťatí, ukrižovaní alebo spálení na popol. Ale všetci sa pevne držali svojej viery v Ježiša Krista.

Keď prenasledovanie kresťanov zosilnelo, členovia ranej cirkvi sa schovávali v katakombách v Ríme, známymi ako „podzemné hroby". Ich životy boli biedne, bolo to, ako keby v skutočnosti nežili. Ale kvôli ich vášnivej a vrúcnej láske k Pánovi sa neobávali žiadneho druhu skúšok a utrpenia.

Predtým, ako bolo kresťanstvo v Ríme oficiálne uznané, útlak proti kresťanom bol taký tvrdý a krutý, že sa to nedá ani opísať. Kresťania boli zbavení občianstva, Biblia a kostoly boli spálené a cirkevní predstavitelia a pracovníci boli zatknutí, hrôzostrašne mučení a popravení.

Polykarp z kostola v Smyrne v Malej Ázii mal osobné priateľstvo s apoštolom Jánom. Polycarp bol oddaný biskup. Keď bol Polycarp zatknutý rímskymi úradmi a stál pred guvernérom, nevzdal sa svojej viery.

„Nechcem ťa hanobiť. Rozkáž, aby zabili týchto kresťanov a prepustím ťa. Prekľaj Krista!"

„Osemdesiatšesť rokov som bol Jeho služobníkom a On mi nikdy neublížil. Ako sa môžem rúhať môjmu Kráľovi, ktorý ma zachránil?"

Pokúsili sa ho upáliť, ale pretože sa im to nepodarilo, Polycarp, biskup Smyrny, zomrel ako mučeník ubodaním k smrti. Keď sa mnohí iní kresťania stali toho svedkami a počuli o Polykarpovom pochode viery a mučeníctve, o to viac chápali utrpenie Ježiša Krista a sami si zvolili cestu mučeníctva.

„Mužovia, Izraeliti, dobre si rozmyslite, čo chcete urobiť s týmito ľuďmi. Lebo prednedávnom povstal Teudas a hovoril, že on je niekým, a pridalo sa k nemu okolo štyristo mužov. No zabili ho a všetci, čo mu verili, boli rozprášení a zničení. Po ňom v dňoch súpisu povstal Júda Galilejský a strhol za sebou ľud. Aj on zahynul a všetci jeho stúpenci sa rozpŕchli. Preto vám teraz hovorím: Nechajte týchto ľudí a prepustite ich, lebo ak je tento zámer alebo toto dielo od ľudí, rozpadne sa, ale ak je od Boha, nebudete ich môcť rozvrátiť. Aby ste sa neocitli v boji proti Bohu!"
(Sk 5, 35-39)

Ako známy Gamaliel povzbudzoval izraelský národ a pripomenul mu, ako je uvedené vyššie, evanjelium Ježiša Krista, ktorý prišiel od samotného Boha, nemôže byť otrasené. Konečne v roku 313 n.l. cisár Konštantín uznal kresťanstvo ako oficiálne náboženstvo jeho ríše a evanjelium Ježiša Krista začalo byť hlásané po celom svete.

Svedectvo o Ježišovi zaznamenané v Pilátovej správe

Medzi historickými dokumentami z čias Rímskej ríše je rukopis o Ježišovom zmŕtvychvstaní, ktorý počas Ježišovej doby napísal a poslal cisárovi Pilát Pontský, guvernér rímskej provincie v Judei.

Nasledujúci výňatok o Ježišovom vzkriesení pochádza z „Pilátovej správy cisárovi o uväzení, odsúdení a ukrižovaní Ježiša", ktorý sa v súčasnej dobe nachádza v kostole Hagia Sofia v tureckom Istanbule:

O niekoľko dní potom, čo bol hrob nájdený prázdny, jeho učeníci vyhlásili po celej krajine, že Ježiš vstal z mŕtvych tak, ako predpovedal. Toto vyvolalo viac vzrušenia ako ukrižovanie. Či je to pravda, nemôžem s istotou povedať, ale podnikol som nejaké vyšetrovanie v tejto veci, a tak môžete posúdiť sami a vidieť, či sa mýlim, ako tvrdí Herodes.

Jozef pochoval Ježiša vo svojom hrobe. Či už zvažoval jeho vzkriesenie alebo mu nechcel vytesať nový, nemôžem povedať. Deň potom, čo bol pochovaný, jeden z kňazov prišiel do prétoria a povedal, že vznikli obavy, že sa jeho učeníci pokúsia ukradnúť Ježišovo telo a ukryť ho, aby to vyzeralo, že vstal z mŕtvych, ako predpovedal, a o čom boli úplne presvedčení.

Poslal som ho ku kapitánovi kráľovskej gardy (Malcusovi), aby mu povedal okolo hrobu umiestniť toľko židovských vojakov, ako bude treba; a ak sa niečo stane, môžu obviňovať samých seba a nie Rimanov. Keď nastal veľký rozruch o prázdnom hrobe, prejavil som hlbší záujem ako kedykoľvek predtým. Poslal som po muža menom Islam, aby mi nasledujúce udalosti vysvetlil tak podrobne, ako je to možné. Nad hrobom videli jemné a krásne svetlo. On si spočiatku myslel, že to ženy prišli balzamovať Ježišovo telo, ako bolo ich zvykom, ale nedokázal pochopiť, ako sa dostali cez stráže. Zatiaľ čo nad týmto premýšľal, hľa, celé miesto bolo zrazu osvetlené a zdalo sa, že sú tam zástupy mŕtvych v pohrebných šatách.

Všetci kričali a boli vzrušení, zatiaľ čo všade okolo a nad nimi znela tá najkrajšia hudba, akú kedy počul a zdalo sa, že celý vzduch je plný hlasov chváliacich Boha. Celú tú dobu sa zdalo, že zem sa vlní a krúti, až z toho zoslabol a už nemohol stáť na vlastných nohách. Povedal, že zem vyzerala, ako keby pod ním plávala a jeho opustili zmysly, a tak nevedel, čo sa to dialo.

Ako čítame v Mt 27, 51-53: *„A hľa, chrámová Opona sa roztrhla vo dvoje odvrchu až dospodku. Zem sa triasla a skaly sa pukali. Otvorili sa hroby a mnohé telá zosnulých svätých* vstali z mŕtvych. *Vyšli z hrobov a po jeho vzkriesení prišli do svätého mesta a ukázali sa mnohým.*" Rímske stráže vydali rovnaké svedectvo.

Po zaznamenaní výpovedí rímskych vojakov, ktorí boli svedkami duchovného javu, na konci správy Pilát zaznamenal: „Som takmer pripravený povedať: ‚On bol naozaj Boží Syn.'"

Nespočetní svedkovia Pána Ježiša Krista

Nielen Ježišovi učeníci, ktorí Mu slúžili počas Jeho verejného účinkovania, vydávali svedectvo o evanjeliu Ježiša Krista. Ako povedal Ježiš v Jn 14, 13: *„A urobím všetko, o čo budete prosiť v mojom mene, aby bol Otec oslávený v Synovi,"* od Jeho vzkriesenia a nanebovstúpenia obrovské množstvo svedkov dostáva Božie odpovede na modlitby a svedčia o živom Bohu a o Pánovi Ježišovi Kristovi.

ale keď zostúpi na vás Svätý Duch, dostanete silu a budete mi svedkami v Jeruzaleme i v celej Judei aj v Samárii a až po samý kraj (Sk 1, 8).

Pána som prijal potom, čo som bol Božou mocou uzdravený zo všetkých chorôb, proti ktorým bola lekárska veda úplne bezmocná. Neskôr som bol vysvätený za služobníka Pána Ježiša Krista. Teraz ohlasujem evanjelium všetkým národom a uskutočňujem znamenia a zázraky.

Podľa prísľubu v predchádzajúcom verši sa mnoho ľudí stalo

Božími deťmi tým, že dostali dar Ducha Svätého a mocou Ducha Svätého zasvätili svoje životy kázaniu evanjelia Ježiša Krista. Takto sa evanjelium rozšírilo do celého sveta a mnoho ľudí sa dnes stretáva so živým Bohom a prijíma Ježiša Krista.

„Choďte do celého sveta a hlásajte evanjelium všetkému stvoreniu. Kto uverí a dá sa pokrstiť, bude spasený; ale kto neuverí, bude odsúdený. A tých, čo uveria, budú sprevádzať tieto znamenia: v mojom mene budú vyháňať zlých duchov, budú hovoriť novými jazykmi, hady budú brať do rúk a ak niečo smrtonosné vypijú, neuškodí im; na chorých budú vkladať ruky a tí ozdravejú" (Mk 16, 15-18).

Kostol Svätého hrobu na Golgote, na vrchu Kalvária v Jeruzaleme

Kapitola 2
Bohom poslaný Mesiáš

Boh prisľúbil Mesiáša

Izrael často strácal suverenitu a podliehal inváziám a nadvláde Perzie a Ríma. Boh dal skrze prorokov veľa prisľúbení o Mesiášovi, ktorý mal byť kráľom Izraela. Neexistoval žiadny lepší zdroj nádeje pre sužovaných Izraelitov ako Božie prisľúbenie o Mesiášovi.

Lebo chlapček sa nám narodil, daný nám je syn, na jeho pleci bude kniežatstvo a bude nazvaný: zázračný Radca, mocný Boh, večný Otec, Knieža pokoja. Jeho vláda bude veľká a pokoj bude bez konca na Dávidovom tróne a nad jeho kráľovstvom aby ho upevnil a posilnil právom a spravodlivosťou odteraz až naveky. Horlivosť Pána zástupov to urobí (Iz 9, 6-7).

Hľa, prídu dni – hovorí Pán, že vzbudím Dávidovi spravodlivý výhonok a bude ako kráľ panovať múdro, v krajine bude prisluhovať právo a spravodlivosť. Za jeho dní Júda dosiahne spásu, Izrael bude bývať v bezpečí. A toto je meno, ktorým ho budú volať: „Pán je naša spravodlivosť" (Jer 23, 5-6).

Plesaj hlasno, dcéra Siona, jasaj, dcéra Jeruzalema, hľa, tvoj kráľ ti prichádza, spravodlivý je a prináša spásu, ponížený je a nesie sa na oslovi, na osliatku, mláďati oslice. Vyhubí vozy z Efraima a kone z Jeruzalema, vymiznú bojové kuše; o pokoji bude rokovať s národmi a jeho vladárstvo je od mora k moru a od Rieky až do končín zeme (Zach 9, 9-10).

Izrael až do dnešného dňa neprestajne čaká na Mesiáša. Čo spôsobuje oddialenie príchodu Mesiáša, ktorého Izrael netrpezlivo očakáva a predpokladá? Mnoho Židov žiada odpoveď na túto otázku, ale odpoveď je taká, že nevedia, že Mesiáš už prišiel.

Mesiáš Ježiš trpel presne tak, ako prorokoval Izaiáš

Mesiáš, ktorého Boh sľúbil Izraelu a skutočne poslal, je Ježiš. Ježiš sa narodil v Betleheme v Judei asi pred dvetisíc rokmi, a keď nadišiel čas, Ježiš zomrel na kríži, vstal z mŕtvych a celému ľudstvu otvoril cestu k spáse. Ale Židia v Jeho dobe neuznali Ježiša za Mesiáša, na ktorého čakali. Bolo to preto, lebo Ježiš vyzeral úplne inak, ako bola ich predstava Mesiáša, ktorého očakávali.

Židia začali byť unavení z predĺženej doby koloniálnej nadvlády a očakávali silného Mesiáša, ktorý ich ochráni pred politickými bojmi. Mysleli si, že Mesiáš príde ako kráľ Izraela, ukončí všetky vojny, ochráni ich pred prenasledovaním a útlakom, dá im pravý mier a povýši ich nad všetky národy.

Ale Ježiš neprišiel na tento svet v kráse a vznešenosti hodnej kráľa, ale narodil sa ako syn chudobného tesára. Ježiš neoslobodil Izrael od rímskeho útlaku ani neobnovil jeho niekdajšiu slávu. On prišiel na tento svet obnoviť ľudstvo, ktoré bolo v dôsledku Adamovho hriechu odsúdené k zániku a urobiť ho Božími deťmi.

Z týchto dôvodov Židia neuznali Ježiša ako Mesiáša a namiesto toho Ho ukrižovali. Ak budeme študovať obraz Mesiáša zaznamenaný v Biblii, môžeme len potvrdiť, že Ježiš je skutočne Mesiáš.

> *Veď vzišiel pred ním sťa ratoliestka a ako koreň z vyschnutej zeme. Nemá podoby ani krásy, aby sme hľadeli na neho, a nemá výzoru, aby sme po ňom túžili. Opovrhnutý a posledný z ľudí, muž bolestí, ktorý poznal utrpenie, pred akým si zakrývajú tvár, opovrhnutý, a preto sme si ho nevážili* (Iz 53, 2-3).

Boh povedal Izraelitom, že Mesiáš, Kráľ Izraela, nebude mať majestátne postavenie, vznešenosť alebo vzhľad, ktorými priláka ľudí, ale naopak, bude opovrhnutý a ľuďmi opustený. Ale aj napriek tomu Izraeliti nespoznali Ježiša ako Mesiáša, ktorého im Boh sľúbil.

Bohom vyvolení Izraeliti Ním opovrhovali a opustili Ho. Boh však povýšil Ježiša Krista nad všetky národy a dodnes Ho za

Spasiteľa prijalo nespočetné množstvo ľudí.

Ako je uvedené v Ž 118, 22-23: *"Kameň, čo stavitelia zavrhli, stal sa kameňom uholným. To sa stalo na pokyn Pána; vec v našich očiach obdivuhodná,"* prozreteľnosť spasenia ľudstva bola dosiahnutá Ježišom, ktorého Izrael opustil.

Ježiš nemal vzhľad Mesiáša, ktorého Izraeliti očakávali, ale my vieme, že Ježiš je Mesiáš, ktorého Boh predpovedal skrze Jeho prorokov.

Všetko, vrátane slávy, mieru a obnovenia, čo nám Boh skrze Mesiáša sľúbil, sa týka duchovnej oblasti a Ježiša, ktorý prišiel na tento svet splniť úlohu Mesiáša, hovoriac: *"Moje kráľovstvo nie je z tohto sveta"* (Jn 18, 36).

Mesiáš, ktorého Boh predpovedal, nebol kráľ s pozemskou mocou a slávou. Mesiáš nemal prísť na tento svet, aby sa Božie deti mohli tešiť bohatstvu, dobrej povesti a cti počas dočasného života na tomto svete. Mal prísť spasiť Jeho ľud z hriechov a viesť ich k večnej radosti a sláve naveky v nebi.

V ten deň bude koreň Jesseho stáť ako zástava národov, budú ho vyhľadávať kmene a jeho príbytok bude slávny (Iz 11, 10).

Prisľúbený Mesiáš nemal prísť len pre Bohom vyvolených Izraelitov, ale tiež splniť prísľub spásy všetkých ľudí, ktorí s vierou prijímajú Božie zasľúbenia o Mesiášovi, nasledujúc Abrahámovu vieru. Stručne povedané, Mesiáš mal prísť splniť

Boží prísľub spásy ako Spasiteľ všetkých národov zeme.

Potreba Spasiteľa pre celé ľudstvo

Prečo mal Mesiáš prísť na tento svet nielen pre spásu Izraelitov, ale celého ľudstva?

V Gn 1, 28 Boh požehnal Adama a Evu a povedal im: *„Ploďte a množte sa a naplňte zem! Podmaňte si ju a panujte nad rybami mora, nad vtáctvom neba a nad všetkou zverou, čo sa hýbe na zemi."*

Po stvorení prvého človeka Adama a jeho ustanovením za pána všetkých ostatných tvorov, Boh dal človeku moc „podmaniť si" a „vládnuť" nad zemou. Ale keď Adam jedol zo stromu poznania dobra a zla, čo Boh výslovne zakázal, a pokúšaný hadom, ktorý bol podnietený Satanom, spáchal hriech neposlušnosti, Adam stratil všetku moc.

Keď Adam a Eva poslúchali slovo Božej spravodlivosti, boli otrokmi spravodlivosti a mali moc, ktorú im Boh dal. Ale od tej doby, čo zhrešili, stali sa otrokmi hriechu a diabla a boli nútení vzdať sa moci (Rim 6, 16). A tak všetka moc, ktorú Adam dostal od Boha, bola odovzdaná diablovi.

V Lk 4 nepriateľ diabol trikrát pokúšal Ježiša, ktorý práve skončil štyridsaťdňový pôst. Diabol Ježišovi ukázal všetky kráľovstvá sveta a povedal mu: *„Dám ti všetku ich moc a slávu, lebo som ju dostal a dám ju komu chcem. Ak sa mi teda budeš* *klaňať, všetka bude tvoja"* (Lk 4, 6-7). Diabol hovorí, že „moc a slávu" „lebo som ich dostal" od Adama a diabol ich tiež môže odovzdať niekomu inému.

Áno, Adam stratil moc a odovzdal ju diablovi, a ako výsledok sa stal otrokom diabla. Od tej doby pod vplyvom diabla Adam páchal jeden hriech za druhým a kráčal cestou smrti, čo je mzdou hriechu. Toto nepostihlo len Adama, ale všetkých jeho potomkov, ktorí prostredníctvom dedičných pút zdedili prvotný hriech Adama. Boli tiež ovládaní mocou hriechu riadeným diablom a Satanom a išli cestou smrti.

To vysvetľuje nutnosť príchodu Mesiáša. Nielen Bohom vyvolení Izraeliti, ale všetky národy sveta potrebovali Mesiáša, ktorý by bol schopný zničiť moc diabla a Satana.

Kvalifikácie Mesiáša

Rovnako ako existujú zákony na tomto svete, aj v duchovnej oblasti sú pravidlá a predpisy. Či človeka čaká večná smrť, alebo odpustenie hriechov a spása, závisí od zákona duchovnej oblasti.

Aké kvalifikácie musí splniť človek na to, aby sa stal Mesiášom, ktorý zachráni celé ľudstvo z kliatby zákona?

Ustanovenia týkajúce sa kvalifikácií Mesiáša sú v zákone, ktorý dal Boh Jeho vyvoleným. Zákon bol o vykúpení pozemkov.

Pôda sa teda nebude predávať navždy, lebo pôda je moja a vy ste len cudzincami a prišelcami u mňa. Preto v celej krajine, ktorú budete vlastniť, musíte pristať na právo môcť si znovu zem vykúpiť. Ak tvoj príbuzný schudobnie a predá čiastku svojich rolí, vystúpi jeho najbližší príbuzný ako jeho výkupník a odkúpi, čo jeho príbuzný predal (Lv 25, 23-25).

Zákon o vykúpení pozemkov ukrýva tajomstvo o kvalifikáciach Mesiáša

Bohom vyvolení Izraeliti dodržiavali zákon. A preto aj pri transakcii predaja a kúpy pozemkov striktne dodržiavali zákon o vykúpení pozemkov, ktorý je zaznamenaný v Biblii. Na rozdiel od pozemkového práva v iných krajinách, izraelský zákon v zmluve jasne hovorí, že pôda sa nesmie predávať natrvalo, ale neskôr môže byť naspäť odkúpená. Ustanovuje, že bohatý príbuzný môže vykúpiť pozemky člena jeho rodiny, ktorý pozemok predal. Ak niekto nemá príbuzného, ktorý by bol dosť bohatý na to, aby jeho majetok kúpil späť, ale pôvodný vlastník znovu nadobudne prostriedky postačujúce na jeho vykúpenie, zákon umožňuje, aby ich on sám znovu kúpil.

Aká je teda súvislosť medzi zákonom o vykúpení pozemkov, ktorý sa nachádza v knihe Levitikus, a kvalifikáciami Mesiáša? Pre ľahšie pochopenie musíme mať na pamäti skutočnosť, že človek bol stvorený z prachu zeme. V Gn 3, 19 Boh povedal Adamovi: *„V pote svojej tváre budeš jesť svoj chlieb, kým sa nevrátiš do zeme, z ktorej si bol vzatý, lebo prach si a na prach sa obrátiš!"* A v Gn 3, 23 hovorí: *„A Pán, Boh, ho vykázal z raja Edenu, aby obrábal zem, z ktorej bol vzatý."*

Boh povedal Adamovi: *„Lebo si prach"* a *„zem"* duchovne predstavuje človeka stvoreného z prachu zeme. A preto zákon o vykúpení pozemkov, ktorý sa týka predaja a kúpy pozemkov, priamo súvisí so zákonom duchovnej oblasti o spáse ľudstva.

Podľa zákona o vykúpení pozemkov Boh vlastní celú zem a nikto ju nemôže predať natrvalo. Z rovnakého dôvodu celá moc, ktorú Adam dostal od Boha, pôvodne patrila Bohu a nikto ju nemohol predať natrvalo. Ak niekto schudobnel a predal pozemky, pozemky mali byť vykúpené, keď sa objavila vhodná osoba. Podobne, diabol musel vrátiť moc, ktorá mu bola odovzdaná od Adama, keď prišla osoba, ktorá mohla vykúpiť túto moc.

Na základe zákona o vykúpení pozemkov Boh lásky a spravodlivosti pripravil osobu, ktorá mohla získať späť všetku moc, ktorú Adam odovzdal diablovi. Touto osobou je Mesiáš a Mesiáš je Ježiš Kristus, ktorý bol pred vekmi pripravený a poslaný samotným Bohom.

Kvalifikácie Spasiteľa a ich splnenia Ježišom Kristom

Teraz sa pozrieme na to, prečo je Ježiš Mesiášom a Spasiteľom celého ľudstva na základe zákona o vykúpení pozemkov.

Po prvé, rovnako ako vykupiteľ pozemku musí byť príbuzný, aj Spasiteľ ľudstva musí byť človekom, aby vykúpil ľudstvo z hriechov, pretože všetci ľudia sa stali hriešnikmi kvôli hriechu prvého človeka Adama. Lv 25, 25 nám hovorí: *„Ak tvoj príbuzný schudobnie a predá čiastku svojich rolí, vystúpi jeho najbližší príbuzný ako jeho výkupník a odkúpi, čo jeho príbuzný predal."* Keby si človek už nemohol dovoliť udržať svoju pôdu a predal pozemok, jeho najbližší príbuzný môže odkúpiť tieto pozemky. A teda z rovnakého dôvodu, pretože prvý človek Adam zhrešil a musel diablovi odovzdať moc, ktorú dostal od Boha, vykúpenie tejto moci môže a musí byť dosiahnuté človekom, Adamovým „najbližším príbuzným".

Ako je napísané v 1 Kor 15, 21: *„Lebo ako je skrze človeka smrť, tak je skrze človeka aj zmŕtvychvstanie."* Biblia nám potvrdzuje, že vykúpenie hriešnikov nemohlo byť dosiahnuté anjelmi ani zvieratami, ale iba človekom. Ľudstvo kráčalo cestou smrti v dôsledku hriechu prvého človeka Adama, niekto iný ho musel vykúpiť z hriechov, a mohol to urobiť len človek – Adamov „najbližší príbuzný".

Hoci Ježiš ako Boží Syn mal ľudskú a aj božskú prirodzenosť, narodil sa z človeka, aby vykúpil ľudstvo z hriechov (Jn 1, 14) a zažil dospievanie. Ako ľudská bytosť Ježiš spal a cítil hlad, smäd, radosť a smútok. Keď Ježiš visel na kríži, krvácal a cítil sprevádzajúcu bolesť.

Aj v historickom kontexte je nepopierateľný dôkaz, ktorý potvrdzuje, že Ježiš prišiel na tento svet ako ľudská bytosť. S narodením Ježiša ako referenčného bodu sa história sveta delí na dve časti: „BC" a „AD". „BC" alebo „pred Kristom" sa vzťahuje k dobe pred Ježišovým narodením a „AD" alebo „Anno Domini" („v roku Pána") sa vzťahuje na obdobie od Ježišovho narodenia. Tento fakt potvrdzuje, že Ježiš prišiel na tento svet ako človek. A tak Ježiš spĺňa prvú kvalifikáciu Spasiteľa, pretože prišiel na svet ako človek.

Po druhé, rovnako ako vykupiteľ pozemkov nemôže vykúpiť pozemky, keby bol chudobný, ani potomok Adama nemôže vykúpiť ľudstvo z hriechov, pretože Adam zhrešil, a tak sa všetci jeho potomkovia rodia s prvotným hriechom. Osoba, ktorá môže byť Spasiteľom všetkého ľudstva, nesmie byť potomkom Adama.

Ak by brat chcel splatiť sestrin dlh, on sám by musel byť bez dlhov. A preto aj osoba, ktorá má vykúpiť ostatných ľudí z hriechov, musí byť bez hriechu. Ak je vykupiteľ hriešny, je otrokom hriechu. Ako potom môže vykúpiť ostatných z hriechu?

Potom, čo Adam spáchal hriech neposlušnosti, všetci jeho potomkovia sa rodia s prvotným hriechom. Preto Spasiteľom nemohol byť žiadny potomok Adama.

Telesne povedané, Ježiš je potomok Dávida a Jeho rodičia sú Jozef a Mária. Mt 1, 20 však hovorí: *„lebo to, čo sa v nej počalo, je z Ducha Svätého."*

Každý človek sa rodí s prvotným hriechom, pretože dedí hriešne atribúty rodičov cez spermie otca a vajíčka matky. Ale Ježiš nebol splodený spermiou Jozefa a vajíčkom Márie, ale mocou Ducha Svätého. Bolo to preto, lebo otehotnela skôr, ako spolu spali. Všemohúci Boh môže spôsobiť, aby sa bez spojenia spermie a vajíčka mocou Ducha Svätého počalo dieťa.

Ježiš si len „požičal" telo Panny Márie. Keďže bol počatý mocou Ducha Svätého, Ježiš nezdedil žiadne atribúty hriešnikov. Keďže Ježiš nie je potomkom Adama a je bez prvotného hriechu, tiež spĺňa druhú kvalifikáciu Spasiteľa.

Po tretie, rovnako ako vykupiteľ pozemkov musí byť dosť bohatý na to, aby mohol vykúpiť pozemky, aj Spasiteľ celého ľudstva musí mať moc poraziť diabla a vyslobodiť ľudstvo z jeho moci.

Lv 25, 26-27 nám hovorí: *„Keď však niekto nemá nijakého výkupníka a sám sa zmôže na to, čo sa vyžaduje na výkup, tak spočíta roky, ktoré uplynuli od predaja, a vyplatí zvyšnú sumu tomu, komu to odpredal, aby sa takto stal opäť vlastníkom svojej pôdy."* Inými slovami, aby človek mohol odkúpiť svoj pozemok späť, musí mať na to „prostriedky".

Záchrana vojnových zajatcov si vyžaduje, aby jedna strana mala moc poraziť nepriateľa a splatiť dlh druhých si vyžaduje, aby osoba mala finančné prostriedky. Z rovnakého dôvodu, vymaniť celé ľudstvo spod moci diabla si vyžaduje, aby Spasiteľ mal moc poraziť diabla, a tak ich zachránil.

Adam mal pred spáchaním hriechu moc vládnuť nad všetkými tvormi, ale po spáchaní hriechu sa stal podriadeným diablovej moci. Z tohto môžeme zistiť, že moc poraziť diabla pochádza z bezhriešnosti.

Ježiš, Syn Boží, bol úplne bez hriechu. Pretože Ježiš bol počatý z Ducha Svätého a nebol potomkom Adama, bol bez prvotného hriechu. Okrem toho, pretože celý život dodržiaval Boží zákon, Ježiš nespáchal žiadne hriechy. Z tohto dôvodu apoštol Peter povedal: *„On sa nedopustil hriechu, ani lesť nebola v jeho ústach. Keď mu zlorečili on nezlorečil, keď trpel, nevyhrážal sa, to postúpil tomu, ktorý súdi spravodlivo"* (1 Pt 2, 22-23).

Keďže bol bez hriechu, Ježiš mal moc a autoritu poraziť diabla a mal moc vysloboditť ľudstvo z moci diabla. Svedčí o tom nespočetné množstvo zázračných znamení a zázrakov.

Ježiš uzdravoval chorých, vyháňal démonov, slepým vracal zrak, hluchým sluch a zmrzačených staval na nohy. Ježiš dokonca upokojil rozbúrené more a vzkriesil mŕtvych.

Skutočnosť, že Ježiš bol bez hriechu, bola potvrdená bez akýchkoľvek pochybností Jeho zmŕtvychvstaním. Podľa zákona duchovnej oblasti musí každý hriešnik zomrieť (Rim 6, 23). Ale keďže Ježiš bol bez hriechu, smrť nad Ním nemala moc. Ježiš poslednýkrát vydýchol na kríži a jeho telo bolo pochované v hrobe, ale tretieho dňa vstal z mŕtvych.

Pamätajte si, že veľkí otcovia viery, ako Henoch a Eliáš, boli vyzdvihnutí do neba živí, bez toho, aby videli smrť, pretože boli bez hriechu a stali sa úplne svätými. A aj Ježiš na tretí deň potom, čo bol pochovaný, zlomil moc diabla a Satana skrze Jeho vzkriesenie a stal sa Spasiteľom celého ľudstva.

Po štvrté, rovnako ako vykupiteľ pozemkov musí mať lásku vykúpiť pozemky jeho príbuzného, aj Spasiteľ ľudstva musí mať lásku, ktorou za ostatných obetuje vlastný život.

Aj keď Spasiteľ spĺňa prvé tri už zmienené kvalifikácie, ale nemá lásku, nemohol by byť Spasiteľom celého ľudstva. Predpokladajme, že brat má dlh vo výške 80 000 eur a jeho sestra je multimilionárka. Bez lásky by sestra nemohla splatiť bratov dlh a jej obrovské bohatstvo by pre brata nič neznamenalo.

Ježiš prišiel na svet ako človek, nebol potomkom Adama a mal moc poraziť diabla a vysloboditi ľudstvo z moci diabla, pretože bol bez hriechu. Avšak, keby nemal lásku, Ježiš by nemohol vykúpiť ľudstvo z hriechov. „Ježišovo vykúpenie ľudstva z hriechov" znamená, že On musel zomrieť namiesto nich. Aby Ježiš vykúpil ľudstvo z hriechov, musel byť ukrižovaný ako jeden z najohavnejších hriešnikov na svete, trpieť všetkými druhmi pohŕdania a opovrhnutia, a do poslednej kvapky vyliať všetku svoju krv a vodu. Pretože Ježišova láska k ľudstvu bola taká vrúcna a On bol ochotný vykúpiť ľudstvo z hriechov, Ježiš podstúpil trest ukrižovania.

Prečo teda Ježiš musel visieť na drevenom kríži a až do poslednej kvapky vyliať Jeho krv? Ako hovorí Dt 21, 23: *„je prekliaty od Boha ten, čo visí na dreve"* a podľa zákona duchovnej oblasti, ktorý hovorí, že „mzdou hriechu je smrť", Ježiš visel na dreve, aby vykúpil celé ľudstvo z kliatby hriechu, ktorou bolo spútané.

Lv 17, 11 ďalej hovorí: *„Veď duša živočícha je v krvi a dal som vám ju pre oltár, aby ste ňou zmierovali svoje duše. Krv sprostredkuje zmierenie, lebo v nej je život,"* bez preliatia krvi nie je odpustenie hriechov.

Levitikus nám tiež hovorí, že namiesto krvi zvierat môže byť obetovaná hladká múka. Toto však platilo pre tých, ktorí nemohli obetovať zvieratá. Nebol to druh krvavej obety, ktorá Boha potešovala. Ježiš nás vykúpil z našich hriechov tým, že visel na drevenom kríži a vykrvácal až na smrť.

Aká úžasná je Ježišova láska, ktorý na kríži prelial všetku Jeho krv a otvoril cestu k spáse pre tých, ktorí Ním opovrhovali a ukrižovali Ho, aj keď uzdravoval ľudí zo všetkých druhov chorôb, zlomil moc zla a konal len dobro?

Na základe zákona o vykúpení pozemkov sme došli k záveru, že iba Ježiš spĺňa kvalifikáciu Spasiteľa, ktorý môže vykúpiť ľudstvo z hriechov.

Pred vekmi pripravená cesta k spáse ľudstva

Cesta k spáse ľudstva sa otvorila vtedy, keď Ježiš zomrel na kríži a tretieho dňa vstal z mŕtvych, a tak zlomil moc smrti. Ježišov príchod na tento svet, aby splnil prozreteľnosť spasenia ľudstva a stal sa Mesiášom ľudstva, bol predpovedaný v tom istom okamihu, ako Adam zhrešil.

V Gn 3, 15 Boh povedal hadovi, ktorý pokúšal ženu: *„Nepriateľstvo ustanovujem medzi tebou a ženou, medzi tvojím potomstvom a jej potomstvom, ono ti rozšliape hlavu a ty mu zraníš pätu."* Tu „žena" duchovne symbolizuje Bohom vyvolený Izrael a „had" predstavuje nepriateľa diabla a Satana, ktorý sa postavil proti Bohu. Keď potomstvo „ženy" „rozšliape hadovi hlavu," znamená, že Spasiteľ ľudstva príde medzi Izraelitov a porazí moc smrti nepriateľa diabla.

Had sa stáva bezmocným, akonáhle je jeho hlava zranená. A tak, keď Boh povedal, že potomstvo ženy rozšliape hadovi hlavu, prorokoval, že Kristus pre ľudstvo vzíde z Izraela a zničí moc diabla a Satana a vyslobodí tak hriešnikov zviazaných ich mocou.

Pretože sa to diabol dozvedel, snažil sa zabiť potomstvo ženy predtým, než by napáchalo škody na jeho hlave. A preto diabol veril, že by naveky mohol mať moc, ktorú mu neposlušný Adam odovzdal, iba v prípade, že zabije potomstvo ženy. Nepriateľ diabol však nevedel, kto má byť potomstvom ženy, a tak už od starozákonných čias zabíjal Božích verných a milovaných prorokov.

Keď sa narodil Mojžiš, nepriateľ diabol naviedol egyptského faraóna na vyvraždenie všetkých chlapcov narodených ženám Izraela (Ex 1, 15-22), a keď na tento svet prišiel v ľudskom tele Ježiš, naviedol srdce kráľa Herodesa, aby zabil všetkých chlapcov mladších ako dva roky, ktorí boli v Betleheme a jeho okolí. Z tohto dôvodu Boh pracoval pre Ježišovu rodinu a pomohol im utiecť do Egypta.

Potom Ježiš vyrástol pod dohľadom samotného Boha a svoju službu začal, keď dosiahol tridsať rokov. Podľa Božej vôle Ježiš chodil po celej Galilei, učil v ich synagógach, uzdravoval všetky druhy chorôb a každý druh ochorenia medzi ľuďmi, kriesil mŕtvych a chudobným kázal evanjelium o nebeskom kráľovstve.

Diabol a Satan podnecoval veľkňazov, zákonníkov a farizejov a začal snovať spôsoby, ako skrze nich zabiť Ježiša. Ale zlí ľudia sa až do Bohom určenej doby Ježiša nemohli dotknúť. Až ku koncu trojročnej služby Ježiša im Boh dovolil, aby Ho zatkli a ukrižovali, aby sa tak splnila prozreteľnosť spasenia ľudstva skrze Ježišovo ukrižovanie.

Rímsky vladár Pilát Pontský podľahol tlaku zo strany Židov a odsúdil Ježiša na ukrižovanie. A tak rímski vojaci korunovali Ježiša tŕním a cez Jeho ruky a nohy Ho pribili na kríž.

Ukrižovanie bolo jedným z najkrutejších spôsobov odsúdenia zločinca. Keď sa diablovi podarilo zlými ľuďmi Ježiša týmto krutým spôsobom ukrižovať, ako veľmi sa musel radovať! Očakával, že nikto a nič iné mu už nebude brániť v jeho vláde nad svetom a tancoval a spieval piesne radosti. Ale tu sa nachádzala Božia prozreteľnosť.

> *Ale hovoríme tajomnú Božiu múdrosť, ktorá bola skrytá a ktorú Boh pred vekmi určil nám na slávu. Nik z kniežat tohoto veku ju nepoznal. Veď keby ju boli poznali, nikdy by neboli ukrižovali Pána slávy* (1 Kor 2, 7-8).

Pretože Boh je spravodlivý, On nepoužíva absolútnu moc na porušovanie zákona, ale všetko vykonáva v súlade so zákonom duchovnej oblasti. A preto pred vekmi pripravil cestu spásy ľudstva v súlade s Božím zákonom.

Podľa zákona duchovnej oblasti, ktorý hovorí: „mzdou hriechu je smrť" (Rim 6, 23), ak človek nepácha hriechy, nezomrie. Ale diabol ukrižoval bezhriešneho, nepoškvrneného a nevinného Ježiša. Diabol teda porušil zákon duchovnej oblasti a musel za to zaplatiť vrátením moci, ktorá mu bola odovzdaná po Adamovom spáchaní hriechu neposlušnosti. Inými slovami, diabol bol teraz donútený vzdať sa jeho kontroly nad všetkými ľuďmi, ktorí prijali Ježiša za svojho Spasiteľa a veria v Jeho meno.

Keby nepriateľ diabol poznal túto Božiu múdrosť, nikdy by nebol Ježiša ukrižoval. Vzhľadom k tomu, že o tomto tajomstve nevedel, zabil bezhriešneho Ježiša pevne veriac, že si tak zabezpečí večnú vládu nad svetom. Ale v skutočnosti diabol padol do vlastnej pasce a skončil porušením zákona duchovnej oblasti. Aká úžasná je Božiu múdrosť!

Pravdou je, že nepriateľ diabol sa stal nástrojom pri plnení Božej prozreteľnosti spásy ľudstva a ako je prorokované v Genesis, jeho hlava bola „rozšliapnutá" potomstvom ženy.

Božou prozreteľnosťou a múdrosťou bezhriešny Ježiš zomrel, aby vykúpil celé ľudstvo z hriechov, tretieho dňa bol vzkriesený, zlomil moc smrti nepriateľa diabla a stal sa Kráľom kráľov a Pánom pánov. Otvoril dvere ku spáse, aby sme mohli byť spasení skrze vieru v Ježiša Krista.

Preto už bolo počas celej histórie ľudstva skrze vieru v Ježiša Krista spasené nespočetné množstvo ľudí a aj dnes mnoho ďalších prijíma Pána Ježiša Krista.

Dar Ducha Svätého skrze vieru v Ježiša Krista

Prečo sme spasení, keď veríme v Ježiša Krista? Po prijatí Ježiša Krista za svojho Spasiteľa, dostávame od Boha dar Ducha Svätého. Keď sme dostali dar Ducha Svätého, obnoví sa náš duch, ktorý bol mŕtvy. Pretože Duch Svätý je moc a srdce Boha, Duch Svätý vedie Božie deti k pravde a pomáha im žiť podľa Božej vôle.

Preto tí, ktorí skutočne veria, že Ježiš Kristus je ich Spasiteľ, nasledujú túžby Ducha Svätého a snažia sa žiť podľa Božieho slova. Zbavia sa nenávisti, výbušnosti, žiarlivosti, závisti, súdenia a odsudzovania druhých a smilstva, a namiesto toho budú chodiť v milosrdenstve a v pravde, a budú chápať, slúžiť a milovať druhých.

Ako už bolo spomenuté predtým, keď prvý človek Adam zhrešil tým, že jedol zo stromu poznania dobra a zla, duch v človeku zomrel a človek kráčal cestou smrti. Ale keď sme dostali dar Ducha Svätého, náš mŕtvy duch ožil a do akej miery nasledujeme túžby Ducha Svätého a chodíme v slove Božej pravdy, do takej miery sa postupne stávame ľuďmi pravdy a obnovíme stratený Boží obraz.

Keď chodíme v slove Božej pravdy, naša viera je považovaná za „pravú vieru", a pretože naše hriechy budú očistené Ježišovou krvou v súlade s našimi skutkami viery, môžeme získať spásu. Z tohto dôvodu 1 Jn 1, 7 hovorí: *„Ale ak chodíme vo svetle ako je on vo svetle, máme spoločenstvo medzi sebou a krv Ježiša, jeho Syna, nás očisťuje od každého hriechu."*

Takto získame spásu skrze vieru potom, čo sú naše hriechy odpustené. Avšak, ak chodíme v hriechu aj napriek nášmu vyznaniu viery, to vyznanie je lož, a tak krv nášho Pána Ježiša Krista nás nemôže vykúpiť z našich hriechov a On nám nemôže zaručiť spásu.

Samozrejme, že je to iné v prípade ľudí, ktorí práve prijali Ježiša Krista. Aj keď ešte nechodia v pravde, Boh skúma ich srdcia, verí, že budú premenení a povedie ich ku spáse, keď sa budú snažiť kráčať smerom k pravde.

Ježiš naplnil proroctvá

Ježiš naplnil Božie slovo o Mesiášovi, ktoré bolo prorokované skrze prorokov. Každý aspekt života Ježiša Krista, od jeho narodenia, službu, až po jeho smrť, ukrižovanie a vzkriesenie, bolo pripravené v Božej prozreteľnosti pre Neho, aby sa stal Mesiášom a Spasiteľom celého ľudstva.

Ježiš narodený z Panny v Betleheme

Boh prorokoval o narodení Ježiša skrze proroka Izaiáša. V čase Božieho výberu zostúpila moc Najvyššieho Boha na ženu čistoty, menom Mária, z Nazaretu v Galilei a ona čoskoro počala.

Preto vám sám Pán dá znamenie: Hľa, panna počne a porodí syna a dá mu meno Emanuel! (Iz 7, 14)

Ako Boh sľúbil izraelskému národu: „Nebude konca kráľovstvu v dome Dávida," Jeho mocou sa Mesiáš narodil žene menom Mária, ktorá sa mala vydať za Jozefa, potomka Dávida. Keďže potomok Adama narodený s prvotným hriechom nemohol vykúpiť ľudstvo z hriechov, Boh naplnil proroctvo tým, že Panna Mária porodila Ježiša predtým, ako sa vydala za Jozefa.

A ty, Betlehem, Efrata primalý si medzi tisícami Júdu; z teba mi vyjde ten, čo má vládnuť v Izraeli a jeho pôvod je odpradávna, odo dní večnosti (Mich 5, 2).

Biblia prorokovala, že Ježiš sa narodí v Betleheme. Ježiš sa skutočne narodil v Betleheme v Judei za čias kráľa Herodesa (Mt 2, 1) a o tejto udalosti svedčí aj história.

Keď sa Ježiš narodil, kráľ Herodes sa obával ohrozenia jeho vlády a snažil sa Ježiša zabiť. Pretože nemohol dieťa nájsť, kráľ Herodes nechal zabiť všetkých chlapcov, ktorí boli mladší ako dva roky, v Betleheme a v celom okolí, a tak v celej krajine bol plač a smútok.

Ak by Ježiš neprišiel na tento svet ako skutočný Kráľ Židov, prečo by kráľ obetoval toľko detí, aby zabil jedno dieťa? Táto tragédia bola vykonaná, pretože nepriateľ diabol, ktorý sa snažil zabiť Mesiáša zo strachu zo straty vlády nad svetom, ovládol srdce kráľa Herodesa, ktorý mal strach zo straty jeho koruny a naviedol ho spáchať takúto ukrutnosť.

Ježiš svedčí o živom Bohu

Ježiš predtým, ako začal Jeho službu, tridsať rokov úplne dodržiaval zákon. A keď dospel dosť na to, aby sa stal kňazom, začal vykonávať Jeho službu, aby sa stal Mesiášom, ako bolo pred vekmi naplánované.

Duch Pána, Jahveho, je na mne, pretože ma Pán

pomazal, poslal ma hlásať radosť ubitým, obviazať zlomených srdcom, zajatcom ohlásiť slobodu a spútaným oslobodenie. Ohlásiť rok Pánovej milosti a deň pomsty nášho Boha na potešenie všetkých zarmútených, aby som dal zarmúteným Siona, aby som im dal veniec miesto popola, olej plesania namiesto smútku, rúcho radosti miesto sklesnutého ducha. I budú sa volať Duby spravodlivosti, Štep Pána na ozdobu (Iz 61, 1-3).

Ako čítame v proroctve uvedenom vyššie, Božou mocou Ježiš vyriešil všetky problémy života a utešoval zlomených srdcom. A keď nadišiel čas Božieho výberu, Ježiš odišiel do Jeruzalema trpieť.

Plesaj hlasno, dcéra Siona, jasaj, dcéra Jeruzalema, hľa, tvoj kráľ ti prichádza, spravodlivý je a prináša spásu, ponížený je a nesie sa na oslovi, na osliatku, mláďati oslice (Zach 9, 9).

Podľa Zachariášovho proroctva Ježiš prišiel do Jeruzalema na osliatku. Dav kričal: „*Hosanna synovi Dávidovmu! Požehnaný, ktorý prichádza v mene Pánovom! Hosanna na výsostiach!*" (Mt 21, 9), a celé mesto sa radovalo. Ľudia sa takto tešili, pretože Ježiš uskutočňoval také úžasné divy a zázraky, ako je chôdza po vode a kriesenie mŕtvych. Čoskoro Ho však dav zradil a ukrižoval Ho.

Keď kňazi, farizeji a zákonníci videli, ako Ježiša nasledujú veľké zástupy, aby počuli Jeho slová moci a videli prejavy Božej moci, cítili, že ich pozície v spoločnosti boli ohrozené. Z krutej nenávisti voči Ježišovi sa sprisahali, že ho zabijú. Sfalšovali všetky druhy dôkazov proti Ježišovi a obvinili Ho z klamania a podnecovania ľudí. Ježiš uskutočňoval podivuhodné skutky Božej moci, ktoré by nemohol vykonať, ak by s Ním nebol sám Boh, ale aj napriek tomu sa Ho snažili zbaviť.

Nakoniec, jeden z Ježišových učeníkov Ho zradil a kňazi ho odmenili tridsatimi striebornými za pomoc pri Ježišovom zatknutí. Zachariášove proroctvo o tridsatich strieborných: *„Vzal som teda tridsať strieborných a hodil som ich v Pánovom dome tvorcovi,"* (Zach 11, 12-13) sa naplnilo.

Tento človek, ktorý zradil Ježiša za tridsať strieborných, neskôr nebol schopný prekonať pocit viny a hodil tridsať strieborných do svätyne chrámu, ale kňazi použili tieto peniaze na nákup „Hrnčiarovho poľa" (Mt 27, 3-10).

Utrpenie a smrť Ježiša

Ako prorokoval prorok Izaiáš, Ježiš ukrutne trpel, aby zachránil všetkých ľudí. Pretože Ježiš prišiel na tento svet splniť prozreteľnosť vyslobodenia Jeho ľudu z hriechov, bol pribitý a zomrel na drevenom kríži, ktorý bol symbolom prekliatia a bol obetovaný Bohu ako obeta za vinu ľudstva.

Vskutku on niesol naše choroby a našimi bôľmi
sa on obťažil, no my sme ho pokladali za zbitého,

strestaného Bohom a pokoreného. On však bol prebodnutý pre naše hriechy, strýznený pre naše neprávosti, na ňom je trest pre naše blaho a jeho ranami sme uzdravení. Všetci sme blúdili ako ovce, išli sme každý vlastnou cestou; a Pán na neho uvalil neprávosť nás všetkých. Obetoval sa, pretože sám chcel, a neotvoril ústa; ako baránka viedli ho na zabitie a ako ovcu, čo onemie pred svojím strihačom, (a neotvoril ústa). Z úzkosti a súdu ho vyvrali a kto pomyslí na jeho pokolenie? Veď bol vyťatý z krajiny živých, pre hriech svojho ľudu dostal úder smrteľný. So zločincami mu dali hrob, jednako s boháčom bol v smrti, lebo nerobil násilie, ani podvod nemal v ústach. Pánovi sa však páčilo zdrviť ho utrpením... Ak dá svoj život na obetu za hriech, uvidí dlhoveké potomstvo a podarí sa skrze neho vôľa Pánova (Iz 53, 4-10).

Počas starozákonných čias bola krv pochádzajúca zo zvierat obetovaná Bohu zakaždým, keď človek proti Nemu zhrešil. Ale Ježiš prelial Jeho nevinnú krv, ktorá nebola poškvrnená ani prvotným hriechom, ani žiadnymi vlastnými hriechmi a „priniesol jedinú obetu za hriechy", aby hriechy všetkých ľudí boli odpustené a získali večný život (Hebr 10, 11-12). A tak On otvoril cestu k odpusteniu hriechov a spáse skrze vieru v Ježiša Krista a my už nemusíme obetovať krv zvierat.

Keď Ježiš skonal na kríži, chrámová opona sa roztrhla vo dvoje odvrchu až dospodu (Mt 27, 51). Chrámová opona bola veľká opona oddeľujúca svätyňu svätých od svätyne v chráme, a obyčajní ľudia nemohli do svätyne vstúpiť. Iba veľkňaz mohol raz za rok vstúpiť do svätyne svätých.

Skutočnosť, že „chrámová opona sa roztrhla vo dvoje odvrchu až dospodu" symbolizuje, že keď Ježiš obetoval sám seba ako zmiernu obetu, zničil múr hriechu medzi Bohom a nami. V starozákonných časoch veľkňazi museli ponúkať obete Bohu za vykúpenie ľudu Izraela z hriechov a modlili sa za nich k Bohu. Teraz, keď bol zničený múr hriechu stojaci v ceste k Bohu, môžeme sami komunikovať s Bohom. Inými slovami, každý, kto verí v Ježiša Krista, môže vstúpiť do svätyne Boha a tam Ho uctievať a modliť sa k Nemu.

> *Preto mu dám za údel mnohých a početných dostane za korisť, lebo vylial svoju dušu na smrť a pripočítali ho k hriešnikom. On však niesol hriechy mnohých a prihováral sa za zločincov* (Iz 53, 12).

Podľa utrpenia a ukrižovania Mesiáša, ktoré zaznamenal prorok Izaiáš, Ježiš zomrel na kríži za hriechy všetkých ľudí, ale počítali Ho k hriešnikom. Aj keď umieral na kríži, žiadal Boha, aby odpustil tým, ktorí Ho ukrižovali.

„*Otče, odpusť im, lebo nevedia, čo robia"* (Lk 23, 34).

Keď Ježiš zomrel na kríži, splnilo sa proroctvo: „*Všetky kosti im ochraňuje, ani jedna sa im nezlomí"* (Ž 34, 20). Splnenie tohto proroctva nájdeme v Jn 19, 32-33: „*Prišli teda vojaci a polámali kosti prvému aj druhému, čo boli s ním ukrižovaní. No keď prišli k Ježišovi a videli, že je už mŕtvy, kosti mu nepolámali.*"

Ježiš dokončil Jeho službu Mesiáša

Ježiš vyniesol hriechy ľudstva na kríž a zomrel za nich ako obeta za hriechy. Ale naplnenie prozreteľnosti spasenia nebolo skrze Ježišovu smrť.

Ako bolo prorokované v Ž 16, 10: „*Lebo nenecháš moju dušu v podsvetí a nedovolíš, aby tvoj svätý videl porušenie.*" A Ž 118, 17: „*Ja nezomriem, budem žiť a vyrozprávam skutky Pánove.*" Ježišovo telo zostalo neporušené a tretieho dňa vstal z mŕtvych.

Ako je ďalej prorokované v Ž 68, 18: „*Do výšav si vystúpil, so sebou si vzal zajatcov, ľudí si prijal do daru, aby u Pána Boha mohli bývať aj buriči.*" Ježiš vystúpil do neba, čaká na posledné dni, kedy bude ukončená kultivácia ľudstva a Jeho ľud povedie do neba.

Je ľahké si všimnúť, ako sa všetko, čo Boh prorokoval o Mesiášovi skrze Jeho prorokov, splnilo do posledného slova prostredníctvom Ježiša Krista.

Ježišova smrť a proroctvá o Izraeli

Bohom vyvolení Izrael neprijal Ježiša ako Mesiáša. Napriek tomu Boh neopustil ľudí, ktorých si vybral a dnes ukončuje Jeho prozreteľnosť spásy Izraela.

Aj cez Ježišovo ukrižovanie Boh prorokoval budúcnosť Izraela, a to kvôli Jeho úprimnej láske k nim a túžbe, aby uverili v Mesiáša, ktorého On poslal a dosiahli spasenie.

Utrpenie Izraela, ktorý ukrižoval Ježiša

Aj keď rímsky vladár Pilát Pontský odsúdil Ježiša na ukrižovanie, boli to Židia, ktorí presvedčili Piláta, aby tak rozhodol. Pilát si bol vedomý, že neexistuje žiadny dôvod, pre ktorý by mal Ježiš zomrieť, ale dav na neho veľmi tlačil, krikom sa dožadoval Ježišovho ukrižovania, a to až do takej miery, že spôsobil nepokoje v krajine.

Pilát si na potvrdenie rozhodnutia ukrižovať Ježiša vzal vodu, umyl si pred davom ruky a povedal: *„Ja nemám vinu na krvi tohoto človeka. To je vaša vec!"* (Mt 27, 24). Na to Židia kričali: *„Jeho krv na nás a na naše deti!"* (Mt 27, 25)

V roku 70 n.l. Jeruzalem padol do rúk rimského generála Títa. Chrám bol zničený, tí, čo prežili, boli nútení opustiť svoju vlasť a rozptýliť sa po svete. Takto začala diaspóra a to trvalo takmer dvetisíc rokov. Počas tohto obdobia diaspóry rozsah utrpenia, ktorému Izraeliti čelili, sa slovami nedá dostatočne opísať.

Keď Jeruzalem padol, bolo zavraždených asi 1,1 milióna Židov a počas druhej svetovej vojny bolo nacistami zmasakrovaných približne šesť miliónov Židov. Keď boli Židia zabití nacistami, boli vyzlečení úplne donaha na znak toho, že Ježiš bol ukrižovaný nahý.

Samozrejme, že Izraeliti môžu tvrdiť, že ich utrpenie nie je výsledkom toho, že ukrižovali Ježiša. Ale pri spätnom pohľade na históriu Izraela môžeme ľahko vidieť, že Izrael a jeho ľud boli Bohom chránení a prosperovali, keď žili podľa Božej vôle. Keď sa vzdialili od Božej vôle, Izraeliti čelili utrpeniam a skúškam.

A tak vieme, že utrpenie Izraela nie je bez príčiny. Ak by bolo ukrižovanie Ježiša v Božích očiach správne, prečo by Boh opustil Izrael v strede neutíchajúceho a krutého utrpenia na takú dlhú dobu?

Ježišov vrchný odev a šaty, a budúcnosť Izraela

Ďalší incident, ktorý načrtol udalosti týkajúce sa Izraela, sa konal na mieste Ježišovho ukrižovania. Ako čítame v Ž 22, 18: *„delia si moje šaty a o môj odev hádžu lós,"* rímski vojaci zobrali Ježišov vrchný odev a rozdelili ho na štyri časti, časť pre každého vojaka, zatiaľ čo o šaty hádzali lós a tie pripadli jednému z vojakov.

Ako sa táto udalosť týka budúcnosti Izraela? Keďže Ježiš je Kráľom Židov, Ježišov vrchný odev duchovne symbolizuje Bohom vyvolený Izrael a jeho obyvateľov. Keď bol Ježišov vrchný odev rozdelený na štyri časti a zmizol tak tvar odevu, symbolizuje to zničenie štátu Izrael. Ale pretože textília vrchného odevu zostala neporušená, udalosť tiež predpovedala, že aj keď štát Izrael zanikne, meno „Izrael" zostane.

Aký je význam skutočnosti, že rímski vojaci vzali Ježišov vrchný odev a rozdelili ho na štyri časti, časť pre každého vojaka? To znamená, že izraelský národ bude zničený Rímom a bude rozptýlený. Toto proroctvo sa tiež splnilo pri páde Jeruzalema a zničení štátu Izrael, ktorý prinútil Židov rozptýliť sa do rôznych častí sveta.

O Ježišových šatách nám Jn 19, 23 hovorí: *„Ale tento odev bol nezošívaný, odhora v celku utkaný."* Skutočnosť, že jeho šaty boli „nezošívané", znamená, že neboli zošité žiadne časti tkaniny, aby vytvorili tento kus odevu.
Väčšina ľudí nepremýšľa nad tým, ako bolo ich oblečenie utkané. Prečo teda Biblia podrobne zaznamenáva štruktúru Ježišových šiat? V tom je proroctvo udalostí, ktoré sa uskutočnia pre izraelský národ.
Ježišove šaty symbolizujú srdce ľudu Izraela, srdce, s ktorým slúžia Bohu. Skutočnosť, že šaty boli „nezošívané, odhora v celku utkané," znamená, že srdce Izraela sa voči Bohu od ich praotca Jakuba nezmenilo a v žiadnom prípade sa nezakolíše.

Nasledujúc dobu Abraháma, Izáka a Jakuba prostredníctvom dvanástich kmeňov vytvorili národ a izraelský národ sa pevne drží ich čistoty ako národa, bez uzatvárania manželstiev s pohanmi. Po rozdelení na Izraelské kráľovstvo na severe a Judské kráľovstvo na juhu, ľudia v severnom kráľovstve uzatvárali manželstvá s rôznymi národmi, ale Judea ostala homogénnym národom. Aj dnes si Židia zachovávajú ich identitu, ktorá siaha až do dôb otcov viery.

Preto, aj keď bol Ježišov vrchný odev rozdelený na štyri časti, šaty zostali neporušené. To znamená, že aj keď štát Izrael zanikne, srdce izraelského ľudu voči Bohu a ich viera v Neho nezanikne.

Pretože majú také neochvejné srdce, Boh si ich vybral za Jeho vyvolených a skrze nich až do dnešného dňa plní Jeho plán. Aj po uplynutí tisícročia sa Izraeliti striktne držia zákona. To je preto, lebo zdedili Jakubovo nemenné srdce.

Ako výsledok, takmer tisícdeväťsto rokov potom, čo stratili svoju krajinu, izraelský ľud šokoval svet vyhlásením nezávislosti a obnovením štátnosti 14. mája 1948.

I vezmem vás z národov a pozbieram vás zo všetkých krajín a zavediem vás na vlastnú pôdu (Ez 36, 24).

Budete bývať v krajine, ktorú som dal vašim otcom, a budete mojím ľudom a ja budem vaším Bohom (Ez 36, 28).

Ako už bolo prorokované v Starom zákone: *„Po mnohých dňoch budete predvolaný, v posledných rokoch,"* Izraeliti sa začali húfne vracať do Palestíny a znovu založili štát (Ez 38, 8). Navyše tým, že sa stali jednou z najmocnejších krajín sveta, Izrael opäť potvrdil zvyšku sveta jeho vynikajúce rysy ako národa.

Boh si želá, aby sa Izrael pripravil na Ježišov návrat

Boh túži po tom, aby novoobnovený Izrael očakával Mesiáša a pripravil sa na Jeho návrat. Asi pred dvetisíc rokmi Ježiš prišiel do krajiny Izrael, úplne splnil prozreteľnosť spasenia ľudstva a stal sa ich Spasiteľom a Mesiášom. Keď vystúpil na nebesia, sľúbil, že sa vráti a teraz Boh chce, aby Jeho vyvolení s pravou vierou čakali na návrat Mesiáša.

Keď Mesiáš, Ježiš Kristus, príde znova, nepríde do schátralej maštale ani nebude znášať trest ukrižovania ako pred dvetisíc rokmi. Objaví sa v sprievode nebeských zástupov a anjelov a na tento svet sa vráti ako Kráľ kráľov a Pán pánov v Božej sláve, aby to videl celý svet.

> *Hľa, prichádza s oblakmi a uvidí ho každé oko, aj tí, čo ho prebodli, a budú nad ním nariekať všetky kmene zeme. Tak je. Amen* (Zjv 1, 7).

Keď nadíde určená doba, všetci ľudia, veriaci i neveriaci, uvidia Pánov návrat vo vzduchu. V ten deň budú všetci tí, ktorí veria, že Ježiš je Spasiteľom všetkého ľudstva, uchvátení do oblakov a budú sa podieľať na svadobnej hostine vo vzduchu, ale ostatní ľudia budú ponechaní na zemi trpieť.

Boh stvoril prvého človeka Adama a začal kultiváciu ľudstva, a určite to má aj koniec. Tak, ako farmár seje semienka a žne úrodu, tiež príde doba zberu kultivovaného ľudstva. Božia kultivácia ľudstva bude ukončená druhým príchodom Mesiáša Ježiša Krista.

Ježiš nám v Zjv 22, 7 hovorí: *„Áno, prídem čoskoro. Blahoslavený, kto zachováva prorocké slová tejto knihy."* Naša doba predstavuje posledné dni. Kvôli Jeho nesmiernej láske k Izraelu Boh neustále počas celej ich histórie oslovuje Jeho ľud, aby prijal Mesiáša. Boh si vrúcne želá, aby nielen Jeho vyvolený Izrael, ale aj celé ľudstvo, prijali Ježiša Krista pred ukončením kultivácie ľudstva.

Židovská Biblia, ktorú kresťania poznajú ako Starý zákon

Kapitola 3
Boh, v ktorého verí Izrael

Zákon a tradícia

Keď Boh viedol Jeho vyvolený ľud Izrael, z Egypta do zasľúbenej Kanaánskej zeme, zostúpil až na vrchol hory Sinai. Potom Pán Boh zavolal Mojžiša, vodcu Exodusu, a povedal mu, aby sa kňazi predtým, ako sa priblížia k Bohu, posväcovali. Boh dal ľuďom prostredníctvom Mojžiša Desatoro prikázaní a mnoho ďalších zákonov.

Keď Mojžiš oficiálne oznámil ľuďom všetky nariadenia a slová Boha, jednohlasne odpovedali: „*Všetko, čo hovoril Pán, splníme*" (Ex 24, 3). Ale zatiaľ čo bol Mojžiš na hore Sinai kvôli Božiemu volaniu, ľudia prinútili Árona, aby im vytvoril sošku teľaťa a spáchali tak veľký hriech modloslužobníctva.

Ako sa mohlo stať, že boli Bohom vyvoleným národom a spáchali takýto veľký hriech? Všetci ľudia od Adama, ktorý sa dopustil hriechu neposlušnosti, sú potomkami Adama a všetci sa narodili s hriešnou podstatou. Predtým, než sa stanú svätými obriezkou srdca, sú nútení páchať hriech. To je dôvod, prečo Boh poslal Jeho jediného Syna Ježiša a skrze Ježišovo ukrižovanie otvoril bránu, ktorou ľudstvo môže mať všetky hriechy odpustené.

Prečo dal Boh ľuďom zákon? Desatoro prikázaní, ktoré im Boh dal prostredníctvom Mojžiša, nariadenia a vyhlášky, sú známe ako zákon.

Prostredníctvom zákona ich Boh vedie do krajiny oplývajúcej mliekom a medom

Dôvod a účel toho, prečo Boh dal ľudu Izraela počas Exodusu z Egypta zákon, je to, aby získali požehnanie, ktorým by mohli vstúpiť do Kanaánskej krajiny, krajiny oplývajúcej mliekom a medom. Ľudia dostali zákon priamo od Mojžiša, ale nedodržali Božie zmluvy a spáchali množstvo hriechov, vrátane modloslužobníctva a cudzoložstva. Nakoniec väčšina z nich zomrela v ich hriechoch počas štyridsiatich rokoch života na púšti.

Kniha Deuteronómium bola zaznamenaná podľa posledných slov Mojžiša a je založená na Božích zmluvách a zákonoch. Keď väčšina prvej generácie Exodusu, okrem Jozuu a Káleba, zomrela, a nadišiel čas Mojžišovho odchodu od ľudu Izraela, Mojžiš netrpezlivo naliehal na druhú a tretiu generáciu Exodusu, aby milovali Boha a poslúchali Jeho príkazy.

A teraz, Izrael, čo žiada od teba Pán, tvoj Boh, ak nie to, aby si sa bál Pána, svojho Boha, aby si kráčal po všetkých jeho cestách, aby si ho miloval a slúžil Pánovi, svojmu Bohu, celým svojím srdcom a celou svojou dušou, aby si zachoval Pánove príkazy a zákony, ktoré ti ja dnes prikazujem, aby ti bolo dobre! (Dt 10, 12-13)

Boh im dal zákon, pretože chcel, aby ho dobrovoľne zo srdca dodržiavali, a aby svojou poslušnosťou potvrdili ich lásku k Bohu. Boh im nedal zákon, aby ich obmedzil alebo nejako zviazal, On iba chcel získať ich poslušné srdcia a požehnať ich.

A tieto slová, ktoré ti ja dnes prikazujem, nech sú v tvojom srdci, poúčaj o nich svojich synov a sám uvažuj o nich, či budeš sedieť vo svojom dome, či budeš na ceste, či budeš ležať alebo stáť. Priviaž si ich ako znamenie na ruku, nech sú ako znaky medzi tvojimi očami, a napíš si ich na veraje svojho domu a na dvere (Dt 6, 6-9).

Prostredníctvom týchto veršov im Boh povedal, ako si uchovávať zákon v srdciach, naučiť sa ho a dodržiavať. Už stáročia sú príkazy a nariadenia Boha, ktoré sú uvedené v piatich Mojžišových knihách, stále v ich mysliach a dodržiavané, ale zameranie sa na dodržiavanie zákona je vyjadrené iba navonok.

Zákon a tradícia starších

Napríklad, zákon nariadzuje, aby bola sobota svätená. Starší však vytvorili mnoho podrobných tradícií, ktoré by im mali pomôcť dodržiavať toto prikázanie, ako napríklad, zákaz používania automatických dverí, výťahov a eskalátorov, otváranie dopisov, pasov a ďalších balíkov. Ako vznikla tradícia starších?

Keď bol Boží chrám zničený a ľud Izraela bol odvedený do babylonského zajatia, mysleli si, že to bolo preto, lebo Bohu neslúžili celým srdcom. Potrebovali lepšie slúžiť Bohu a aplikovať zákon na situácie, ktoré sa s dobou menili, a tak vytvorili veľa prísnych predpisov.

Tieto predpisy vytvorili, aby mohli Bohu slúžiť celým srdcom. Inými slovami, vytvorili mnoho prísnych predpisov, ktoré podrobne pokrývali všetky aspekty života, aby mohli dodržiavať zákon v každodennom živote.

Prísne predpisy niekedy hrali úlohu ochraňovania zákona. Ale s postupom času prestali chápať pravý význam zákona a kládli väčší dôraz na dodržiavanie zákona navonok. Týmto spôsobom sa odchýlili od pravého zmyslu zákona.

Boh vidí a prijíma srdce každého človeka, ktorý radšej dodržiava zákon, než skutkami navonok zdôrazňuje dodržiavanie zákona. A preto zriadil zákon, aby tak našiel tých, ktorí Ho skutočne uctievajú a požehnal tých, ktorí Ho poslúchajú. Aj keď sa zdalo, že veľa ľudí v starozákonnej dobe dodržiavalo zákon, bolo tam aj veľa takých, ktorí zákon porušovali.

Keby bol niekto z vás, kto by zavrel bránu, aby ste nezapaľovali môj oltár nadarmo! Nemám vo vás zaľúbenie – hovorí Pán zástupov, a neprijmem obetu z vašich rúk (Mal 1, 10).

Keď učitelia zákona a starší ohovárali Ježiša a odsúdili Jeho učeníkov, nebolo to preto, že Ježiš a Jeho učeníci neposlúchli zákon, ale preto, že porušili tradíciu otcov. Je to dobre opísané v evanjeliu podľa Matúša.

„Prečo tvoji učeníci prestupujú obyčaje otcov? Veď si neumývajú ruky, keď jedia chlieb" (Mt 15, 2).

V tom okamihu ich Ježiš poučil, že to nebolo Božie prikázanie, ktoré nedodržali, ale tradícia starších. Samozrejme, že je dôležité navonok dodržiavať zákony skutkami, ale je oveľa dôležitejšie uvedomiť si skutočnú Božiu vôľu, ktorá je vložená do zákona.

A Ježiš im odpovedal:

„A vy prečo prestupujete Božie prikázanie pre svoje obyčaje? Lebo Boh povedal: ‚Cti svojho otca i matku' a: ‚Kto by zlorečil otcovi alebo matke, musí zomrieť.' Vy však hovoríte: ‚Keď niekto povie otcovi alebo matke: Všetko, čím by som ti mal pomáhať, je obetný dar, ten už nemusí ctiť svojho otca.' A zrušili ste Božie

slovo pre svoje obyčaje" (Mt 15, 3-6).

V nasledujúcich veršoch Ježiš tiež hovorí:

Pokrytci! Dobre o vás prorokoval Izaiáš, keď povedal: „Tento ľud ma uctieva perami, ale ich srdce je ďaleko odo mňa. No darmo si ma ctia, lebo náuky, čo učia, sú iba ľudské príkazy" (Mt 15, 7-9).

Potom Ježiš zavolal k sebe zástup a povedal im:

„Počúvajte a pochopte: Človeka nepoškvrňuje to, čo vchádza do úst, ale čo vychádza z úst, to poškvrňuje človeka" (Mt 15, 10-11).

Božie deti by mali ctiť svojich rodičov, ako je to napísané v Desatore. Ale farizeji učili ľudí, že deti, ktoré majú slúžiť a ctiť rodičov svojimi majetkami, môžu byť oslobodené od povinnosti, ak vyhlásia, že ich majetok bude ponúknutý Bohu. Urobili toľko podrobných predpisov v každom aspekte života, že pohania nemohli striktne dodržiavať všetky tieto tradície starších, ktorí si mysleli, že ako Bohom vyvolení robia všetko správne.

Boh, v ktorého verí Izrael

Keď Ježiš v sobotu uzdravoval chorých, farizeji Ho odsudzovali pre znesväcovanie soboty. Jedného dňa Ježiš vstúpil do synagógy a videl muža s vyschnutou rukou, ako stojí pred farizejmi. Ježiš sa rozhodol prebudiť ich a skúšať, a povedal im nasledujúce:

"Slobodno v sobotu robiť dobre alebo zle, zachrániť život alebo zničiť?" (Mk 3, 4)

"Nájde sa medzi vami človek, ktorý by svoju jedinú ovcu nechytil a nevytiahol z jamy, keby mu do nej padla, hoc aj v sobotu?" A o koľko viac je človek ako ovca! Teda v sobotu slobodno dobre robiť (Mt 12, 11-12).

Pretože farizeji boli naplnení sústavou zákonov vytvorených v tradícii starších, sebeckými myšlienkami a spôsobmi života, nielenže nepochopili skutočnú Božiu vôľu vloženú v zákone, ale tiež nedokázali spoznať Ježiša, ktorý prišiel na zem ako Spasiteľ.

Ježiš na nich často poukazoval a vyzýval ich k pokániu a odvráteniu sa od ich krívd. Vyčítal im, že zanedbali pravý Boží účel ustanovenia zákona, menia ho a zaujíma ich len dodržiavanie zákona navonok.

Beda vám, zákonníci a farizeji, pokrytci, lebo dávate desiatky z mäty, kôpru a rasce, ale zanedbali ste, čo je v zákone dôležitejšie – spravodlivosť, milosrdenstvo a vernosť! Toto bolo treba robiť, a tamto nezanedbávať (Mt 23, 23).

Beda vám, zákonníci a farizeji, pokrytci, lebo čistíte čašu a misu zvonka, ale vnútri sú plné lúpeže a nečistoty! (Mt 23, 25)

Izraeliti, ktorí boli pod nadvládou Rímskej ríše, si predstavovali, že Mesiáš pre nich príde s veľkou mocou a slávou, oslobodí ich z rúk utláčateľov a budú vládnuť nad všetkými národmi.

Medzitým sa tesárovi narodil syn, prichádzal k opusteným, chorým a hriešnikom; Boha nazýval: „Otče," a potvrdil, že On je Svetlo sveta. Keď ich karhal pre ich hriechy, tí, ktorí dodržiavali zákon vlastnými normami a vyhlasovali, že sú spravodliví, mali srdcia Jeho slovami prebodnuté a zranené, a bezdôvodne Ho ukrižovali.

Boh chce, aby sme mali lásku a odpustenie

Farizeji prísne dodržiavali predpisy judaizmu a dlhoročné zvyky a tradície považovali za také cenné ako vlastné životy. Vyberačov daní, ktorí pracovali pre Rímsku ríšu, považovali za hriešnikov a vyhýbali sa im.

Mt 9, 10 hovorí, že Ježiš sedel za stolom v dome vyberača daní menom Matúš, a mnoho mýtnikov a hriešnikov jedlo spolu s Ježišom a Jeho učeníkmi. Keď to farizeji videli, povedali Jeho učeníkom: „Prečo váš učiteľ jedáva s mýtnikmi a hriešnikmi?"

Keď Ježiš počul, ako odsúdili Jeho učeníkov, vysvetlil im Božie srdce. Boh dáva svoju lásku a milosrdenstvo každému, kto zo srdca koná pokánie z hriechov a odvráti sa od nich.

Mt 9, 12-13 pokračuje: On to začul a povedal: „*Lekára nepotrebujú zdraví, ale chorí. Choďte a naučte sa, čo to znamená: 'Milosrdenstvo chcem, a nie obetu.' Neprišiel som volať spravodlivých, ale hriešnikov.*"

Keď zloba obyvateľov mesta Ninive dosiahla nebo, Boh sa chystal to mesto zničiť. Ale ešte predtým Boh poslal svojho proroka Jonáša, aby ich primäl konať pokánie z ich hriechov. Ľudia sa postili a dôkladne kajali z hriechov a Boh sa vzdal rozhodnutia ich zničiť. Avšak, boli to farizeji, ktorí si mysleli, že pre každého, kto porušuje zákon, nie je iná možnosť, ako byť súdený. Najdôležitejšou časťou zákona je večná láska a odpustenie, ale farizeji si mysleli, že namiesto odpustenia s láskou je správnejšie a cennejšie ľudí súdiť.

A tak, keď nerozumieme srdcu Boha, ktorý nám dal zákon, sme nútení súdiť všetko našimi vlastnými myšlienkami a teóriami. Ale tieto rozsudky sú zlé a sú proti Bohu.

Pravý Boží účel ustanovenia zákona

Boh stvoril nebesia a zem a všetko, čo je v nich a stvoril človeka za účelom získania pravých detí, ktoré by napodobnili Jeho srdce. S týmto účelom Boh povedal Jeho ľuďom: *„buďte svätí, lebo ja som svätý"* (Lv 11, 44). Chce, aby sme sa Ho báli, keď nie sme zbožní, no nielen navonok, ale stali sa bez úhony tým, že odhodíme zo srdca všetko zlo.

V Ježišovej dobe sa farizeji a zákonníci oveľa viac zaujímali o obete a skutky dodržiavania zákona, ako o posväcovanie ich sŕdc. Skôr ako v obetiach má Boh zaľúbenie v zlomenom a kajúcom sa srdci (Ž 51, 16-17), a tak nám dal zákon, aby sme mohli konať pokánie z hriechov a odvrátiť sa od nich.

Skutočná Božia vôľa vložená do zákona Starého zákona

Neznamená to však, že skutky izraelského ľudu dodržiavania zákona nezahŕňali ich lásku k Bohu. Ale to, čo od nich Boh chcel, je posvätenie srdca a tvrdo ich pokarhal prostredníctvom proroka Izaiáša.

„Načo mi množstvo vašich obetí? – hovorí Pán.
Nasýtený som zápalmi baranov a tukom kŕmnych

teliec; v krvi býčkov, baránkov a capov nemám zaľúbenie. Keď prichádzate vidieť moju tvár, ktože to žiada od vás rozšliapavať mi nádvoria? Neprinášajte viac márnu obetu, ona je mi dymom ošklivým. Novmesiac a sobota a slávne zhromaždenia? Neznesiem hriech a slávnosť!" (Iz 1, 11-13)

Skutočný význam dodržiavania zákona nespočíva vo vonkajších skutkoch, ale v ochote vnútorného srdca. Boh sa netešil mnohonásobným obetiam, ktoré boli ponúkané len zo zvyku a povrchným vstupom do svätých častí. Bez ohľadu na to, koľko obetí ponúkli v súlade so zákonom, Boh v nich nemal zaľúbenie, pretože ich srdce nekonalo podľa Božej vôle.

Rovnaké je to s našimi modlitbami. V našich modlitbách nie je dôležitý samotný akt modlitby, ale oveľa dôležitejší je postoj našich sŕdc v modlitbe. Žalmista hovorí v Ž 66, 18: *„Keby som sa v srdci upriamil na neprávosť, Pán by ma nevyslyšal."*

Boh ľuďom oznámil skrze Ježiša, že nemá záľubu v modlitbách, ktoré sú pokrytecké alebo chválenkárske, ale len v úprimných modlitbách vychádzajúcich zo srdca.

A keď sa modlíte, nebuďte ako pokrytci, ktorí sa radi postojačky modlievajú v synagógach a na rohoch ulíc, aby ich ľudia videli. Veru, hovorím vám: Už dostali svoju odmenu. Ale keď sa ty ideš modliť, vojdi do svojej izby, zatvor za sebou dvere a modli sa k svojmu Otcovi, ktorý je v skrytosti. A tvoj Otec ťa odmení, lebo on vidí aj v skrytosti (Mt 6, 5-6).

To isté sa stane, keď konáme pokánie z hriechov. Keď konáme pokánie z hriechov, Boh chce, aby sme si netrhali oblečenie a s plačom nesypali popol na hlavu, ale roztrhli si srdcia a z úprimného srdca konali pokánie z hriechov. Akt pokánia nie je sám o sebe dôležitý, ale keď zo srdca konáme pokánie z hriechov a odvrátime sa od nich, Boh prijíma naše pokánie.

„Teraz však – hovorí Pán – obráťte sa ku mne celým svojím srdcom, pôstom i plačom a nárekom, roztrhnite si srdcia, a nie rúcho, obráťte sa k Pánovi, svojmu Bohu, veď je dobrotivý a milosrdný, trpezlivý a veľmi ľútostivý a môže odvrátiť nešťastie" (Joel 2, 12-13).

Inými slovami, Boh chce radšej prijať srdce tých, ktorí dodržiavajú zákon, ako skutok dodržiavania samotného zákona. Toto je „obriezka srdca" v Biblii. Telo si môžeme obrezať tým, že odrežeme predkožku, zatiaľ čo obrezané srdca dosiahneme odrezaním predkožky našich sŕdc.

Obriezka srdca, ktorú chce Boh

Čo presne predstavuje obriezka srdca? Znamená „odrezanie a odhodenie zo srdca všetkého druhu zla a hriechov, vrátane závisti, žiarlivosti, výbušnosti, nezdravých pocitov, cudzoložstva, lži, podvodu, súdenia a odsudzovania." Keď zo srdca odrežete hriechy a zlo a dodržiavate zákony, Boh to prijíma ako dokonalú poslušnosť.

Obrežte sa Pánovi, odstráňte predkožku svojho srdca, mužovia Júdska a obyvatelia Jeruzalema, ináč vyšľahne sťa plameň môj hnev a bude horieť neuhasiteľne pre zlobu vašich skutkov (Jer 4, 4).

Obrežte si teda predkožku svojho srdca a nezatvrdzujte si už šiju! (Dt 10, 16)

Egypt, Júdsko, Edom, synov Amonových, Moab a všetkých, ktorí si holia okraje a bývajú na púšti, pretože všetky národy sú obrezané, ale celý dom Izraelov má neobrezané srdce (Jer 9, 26).

Potom Pán obreže tebe a tvojmu potomstvu srdce, aby si miloval Pána svojho Boha, z celého srdca a z celej svojej duše, aby si mohol žiť (Dt 30, 6).

Vidíme, že Starý zákon nás často vyzýva, aby sme si obrezali srdce, lebo iba tí, ktorí majú srdcia obrezané, môžu milovať Boha celým srdcom a celou dušou.

Boh chce, aby Jeho deti boli sväté a dokonalé. V Gn 17, 1 Boh povedal Abrahámovi „buď bez úhony" a v Lv 19, 2 prikázal ľudu Izraela, aby „boli svätí".

Jn 10, 35 hovorí: *„Nuž ak nazval bohmi tých, ktorým bolo*

dané Božie slovo – a Písmo nemožno zrušiť!" a 2 Pt 1, 4 hovorí: *„Tým nám daroval vzácne a veľmi veľké prisľúbenia, aby ste sa skrze ne stali účastnými na božskej prirodzenosti a unikli porušeniu, ktoré je vo svete pre žiadostivosť."*

V starozákonných časoch boli ľudia spasení skrze skutky dodržiavania zákona, zatiaľ čo v novozákonných časoch môžeme byť spasení skrze vieru v Ježiša Krista, ktorý s láskou splnil zákon. Spása skrze skutky bola v starozákonnej dobe možná vtedy, keď mali hriešne túžby vraždiť, nenávidieť, cudzoložiť a klamať, ale neprejavili sa v skutkoch. V starozákonných časoch v nich Duch Svätý neprebýval, a preto sa nemohli vlastnými silami zbaviť hriešnych túžob. A tak, keď nespáchali hriešny skutok navonok, neboli považovaní za hriešnikov.

Ale v novozákonných časoch môžeme dosiahnuť spasenie len vtedy, keď sme si vierou obrezali srdce. Duch Svätý nám dáva vedieť o hriechu, spravodlivosti a súde a pomáha nám žiť podľa Božieho slova, a tak môžeme odhodiť nepravdu a hriešny charakter, a obrezať si srdce.

Spasenie skrze vieru v Ježiša Krista nie je jednoducho dané, keď človek vie a verí, že Ježiš Kristus je Spasiteľ. Až keď odhodíme zo srdca zlo, pretože milujeme Boha a skrze vieru chodíme v pravde, Boh to považuje za pravú vieru a vedie nás nielen k úplnej spáse, ale tiež na cestu úžasných odpovedí a požehnaní.

Ako potešovať Boha

Je prirodzené, že Božie dieťa by nemalo páchať hriešne skutky. Je tiež normálne, aby odhodilo nepravdu a hriešne túžby srdca a podobalo sa svätosti Boha. Ak nepáchate hriešne skutky, ale máte v sebe hriešne túžby, ktoré Boh nechce, v Božích očiach nemôžete byť považovaní za spravodlivých.

Preto je v Mt 5, 27-28 napísané: *„Počuli ste, že bolo povedané: ,Nescudzoložíš!' No ja vám hovorím: Každý, kto na ženu hľadí žiadostivo, už s ňou scudzoložil vo svojom srdci."*

A v 1 Jn 3,15 je napísané: *„Každý, kto nenávidí svojho brata, je vrah. A viete, že ani jeden vrah nemá v sebe večný život."* Tento verš nás nabáda, aby sme zo srdca odstránili nenávisť.

Ako sa máte zachovať voči vašim nepriateľom, ktorí vás nenávidia, aby ste potešili Božiu vôľu?

Zákon Starého zákona hovorí: *„Oko za oko [a] zub za zub."* Zákon tiež hovorí: *„Kto svojmu súkmeňovcovi spôsobil úraz, nech sa i jemu spraví tak, ako on urobil"* (Lv 24, 20). Bolo to preto, aby sa prísnymi pravidlami zabránilo vzájomnému zraňovaniu a ubližovaniu. Je to preto, lebo Boh vie, že človek sa v dôsledku jeho zloby snaží odplatiť druhým horším než bolo spôsobené jemu.

Kráľ Dávid bol chválený ako človek, ktorého srdce sa podobalo Božiemu srdcu. Keď sa ho kráľ Saul pokúsil zabiť, Dávid sa za mnohé zlo kráľa Saula neodplácal zlom, ale až do poslednej chvíle s ním zaobchádzal s dobrotou. Dávid videl pravý význam vložený v zákone a žil len podľa Božieho slova.

Nepomsti sa a neprechovávaj hnev voči príslušníkom svojho ľudu, ale miluj svojho blížneho ako seba samého! Ja som Pán! (Lv 19, 18)

Neteš sa, keď padne tvoj nepriateľ a keď sa potkne, nech ti srdce neplesá (Prís 24, 17).

Ak je ten, kto ťa nenávidí, hladný, daj mu chleba jesť, ak je smädný, daj mu vody piť (Prís 25, 21).

Počuli ste, že bolo povedané: "Milovať budeš svojho blížneho a nenávidieť svojho nepriateľa." Ale ja vám hovorím: Milujte svojich nepriateľov a modlite sa za tých, čo vás prenasledujú (Mt 5, 43-44).

Podľa vyššie uvedených veršov, ak sa vám zdá, že dodržiavate zákon, ale neodpustíte človeku, ktorý vám spôsobuje problémy, Boh nie je vami potešený. Je to preto, lebo Boh nám povedal, aby sme milovali svojich nepriateľov. Keď budete dodržiavať zákon, a keď to budete vykonávať s takým srdcom, aké chce Boh, môžete byť považovaní za úplne poslušných Božiemu slovu.

Zákon, znamenie Božej lásky

Boh lásky nám chce dať nekonečné požehnanie, ale pretože On je Bohom spravodlivosti, keď pácháme hriechy, nemá inú možnosť, ako nás prenechať diablovi. To je dôvod, prečo niektorí veriaci v Boha trpia chorobami a čelia nehodám a pohromám, keď nežijú podľa Božieho slova.

Boh nám v Jeho láske dal mnoho Božích príkazov, aby nás ochránil pred skúškami a bolesťami. Koľko pokynov dávajú rodičia svojim deťom, aby ich ochránili pred chorobami a úrazmi?

„Po návrate domov si umy ruky."
„Po jedle si vyčisti zuby."
„Keď prechádzaš cez cestu, pozri sa na obe strany."

Boh nám ďalej v Jeho láske povedal, aby sme pre naše dobro dodržiavali Jeho prikázania a zákony (Dt 10, 13). Dodržiavanie Božieho slova a konanie podľa neho je ako lampa na našej ceste životom. Bez ohľadu na to, aký je tmavý, s lampou môžeme bezpečne prejsť cestou k cieľu, a z rovnakého dôvodu, keď je s nami Boh, ktorý je svetlo, budeme chránení a budeme sa tešiť z výhod a požehnaní Božích detí.

Ako veľmi sa Boh teší, keď Jeho planúcimi očami chráni Jeho deti, ktoré počúvajú Jeho slová, a dáva im všetko, o čo prosia! Preto tieto deti môžu premeniť svoje srdcia na čisté a dobré, podobať sa Bohu do takej miery, do akej dodržiavajú Božie slovo a riadia sa ním, cítiť hĺbku Božej lásky a môžu Ho milovať ešte viac.

Preto zákon, ktorý nám Boh dal, je ako učebnica lásky, ktorá ponúka pokyny pre najlepšie požehnanie pre nás, ktorí sme Bohom kultivovaní na zemi. Boží zákon nám neprináša záťaž, ale nás chráni pred všetkými druhmi pohrôm na tomto svete, nad ktorým vládne nepriateľ diabol a Satan, a vedie nás na cestu požehnania.

Ježiš splnil zákon s láskou

V Dt 19, 19-21 nachádzame, že keď v čase Starého zákona ľudia spáchali hriech očami, ich oči museli byť vylúpnuté. Keď zhrešili rukami alebo nohami, ich ruky alebo nohy museli byť odrezané. Keď zavraždili a dopustili sa cudzoložstva, boli ukameňovaní na smrť.

Zákon duchovnej oblasti hovorí, že mzdou hriechov je smrť. To je dôvod, prečo Boh vážne potrestal tých, ktorí spáchali neodpustiteľné hriechy, a tak chcel varovať mnohých ďalších ľudí, aby sa nedopustili rovnakých hriechov.

Ale Boh lásky nebol úplne spokojný s vierou, ktorou verili v zákon a hovorili: „Oko za oko a zub za zub." Preto v Starom zákone znovu a znovu zdôrazňoval, aby si obrezali srdcia. Nechcel, aby Jeho ľudia cítili bolesti v dôsledku zákona, a preto, keď nadišiel čas, poslal Ježiša na zem, aby na seba vzal všetky hriechy ľudstva a s láskou splnil zákon.

Bez Ježišovho ukrižovania by sme si museli odrezať naše ruky a nohy, ak by sme nimi spáchali hriechy. Ale Ježiš vzal na seba kríž a prelial svoju drahocennú krv tým, že mal ruky a nohy pribité, aby tak zmyl všetky naše hriechy, ktoré sme spáchali rukami a nohami. Vďaka tejto veľkej láske Boha si už teraz nemusíme odrezať ruky a nohy.

Ježiš, ktorý je jedno s Bohom lásky, zostúpil na zem a s láskou splnil zákon. Ježiš žil príkladným životom dodržiavania všetkých Božích zákonov.

Aj keď úplne dodržiaval zákon, neodsudzoval tých, ktorí zákon nedodržiavali, slovami: „Porušili ste zákon a kráčate cestou smrti." Namiesto toho, deň a noc, učil ľud pravde, aby aspoň jedna jediná duša konala pokánie z hriechov a dosiahla spásu, a bez prestania pracoval, uzdravoval a oslobodzoval tých, ktorí boli spútaní chorobou, neduhmi a zlými duchmi.

Ježišova láska bola mimoriadne zobrazená, keď bola žena, ktorú pristihli pri cudzoložstve, zákonníkmi a farizejmi vzatá a privedená k Ježišovi. V ôsmej kapitole Jánovho evanjelia priviedli zákonníci a farizeji k Nemu ženu a spýtali sa Ho: *„Mojžiš nám v zákone nariadil takéto ženy ukameňovať. Čo povieš ty?"* (v 5) Ježiš im odpovedali: *„Kto z vás je bez hriechu, nech prvý hodí do nej kameň"* (v 7).

Položením tejto otázky chcel, aby sa prebudili a videli, že nielen žena, ale aj oni sami, ktorí ju obvinili z cudzoložstva a snažili sa nájsť dôvody na obvinenie Ježiša, boli pred Bohom rovnakí hriešnici, a že nikto nesmie odsudzovať ostatných. Keď to ľudia počuli, boli odsúdení ich svedomím a jeden po druhom odišli, počnúc najstaršími. A zostal tam Ježiš sám so ženou stojacou uprostred.

Ježiš nevidel nikoho okrem ženy a povedal jej: *„Žena, kde sú? Nik ťa neodsúdil?"* (v 10) Ona odpovedala: *„Nik, Pane."* A Ježiš jej povedal: *„Ani ja ťa neodsudzujem. Choď a už nehreš!"* (v 11).

Keď bola žena privedená pred Ježiša a jej neodpustiteľný hriech bol odhalený, mala veľký strach. A tak, keď jej Ježiš odpustil, môžete si predstaviť množstvo jej sĺz v dôsledku hlbokých emócií a vďačnosti! Kedykoľvek si spomenula na toto odpustenie a lásku Ježiša, neodvážila sa znovu porušiť zákon ani hrešiť. To bolo možné preto, lebo sa stretla s Ježišom, ktorý splnil zákon s láskou.

Ježiš splnil zákon s láskou a to nielen pre túto ženu, ale pre všetkých ľudí. On vôbec nešetril svoj život a so srdcom rodičov, ktorí nešetria svoje životy, aby zachránili topiace sa deti, položil ho na kríži za nás hriešnikov.

Ježiš bol bezúhonný a bez poškvrny a jednorodený Syn Boží, ale On znášal všetku neopísateľnú bolesť, prelial všetku Jeho krv a vodu a položil svoj život na kríži za nás hriešnikov. Jeho ukrižovanie bolo najdojemnejším okamihom preukázania najväčšej lásky v celej histórii ľudstva.

Keď na nás zostúpi táto moc Jeho lásky, dostávame silu naplno dodržiavať zákon a ako Ježiš sme schopní splniť zákon s láskou.

Ak by Ježiš nebol splnil zákon s láskou, ale namiesto toho

súdil a odsúdil každého len na základe zákona a odvracal zrak od hriešnikov, koľko ľudí na svete by mohlo byť spasených? Ako je uvedené v Biblii: „Nik nie je spravodlivý" (Rim 3, 10), nikto by nemohol byť spasený.

Preto Božie deti, ktorým boli odpustené hriechy veľkou láskou Boha, by Ho nemali milovať len dodržiavaním Jeho príkazov s pokornejším srdcom, ale mali by milovať aj svojich blížnych ako seba samých, slúžiť im a odpúšťať.

Tí, ktorí na základe zákona súdia a odsudzujú ostatných

Ježiš splnil zákon s láskou a stal sa Spasiteľom celého ľudstva, ale čo urobili farizeji, zákonníci a učitelia zákona? Trvali na dodržiavaní zákona skutkami viac, ako na posväcovaní srdca podľa vôle Boha, ale mysleli si, že úplne dodržiavajú zákon. Okrem toho neodpustili tým, ktorí nedodržiavali zákon, ale súdili ich a odsudzovali.

Ale náš Boh nechce, aby sme súdili a odsudzovali druhých bez milosti a lásky. A tiež nechce, aby sme trpeli bolesťami pri dodržiavaní zákona bez zažívania Božej lásky. Ak budeme dodržiavať zákony, ale nepochopíme Božie srdce a nebudeme mať lásku, nič nám to neosoží.

A keby som mal dar proroctva a poznal všetky tajomstvá a všetku vedu a keby som mal takú silnú vieru, že by som vrchy prenášal, a lásky by som nemal, ničím by som nebol. A keby som rozdal celý svoj majetok ako almužnu a keby som obetoval svoje telo, aby som bol slávny, a lásky by som nemal, nič by mi to neosožilo (1 Kor 13, 2-3).

Boh je láska a On sa raduje a žehná nám, ak žijeme v láske. V Ježišovej dobe farizeji nedokázali maťv srdci lásku, keď skutkami dodržiavali zákon, a nič im to neosožilo. Súdili a odsudzovali ostatných na základe ich chápania zákona, a preto boli ďaleko od Boha a to vyústilo ukrižovaním Božieho Syna.

Keď pochopíte skutočnú Božiu vôľu vloženú do zákona

Dokonca aj v starozákonných časoch žili veľkí otcovia viery, ktorí chápali skutočnú Božiu vôľu v zákone. Otcovia viery, vrátane Abraháma, Jozefa, Mojžiša, Dávida a Eliáša, nielenže sa držali zákona, ale sa aj zo všetkých síl snažili stať sa pravými Božími deťmi starostlivou obriezkou srdca.

Avšak, keď bol Ježiš poslaný Bohom ako Mesiáš, aby Židov poučil o Bohu Abraháma, Bohu Izáka a Bohu Jakuba, nespoznali Ho. Bolo to preto, lebo boli oslepení tradíciou starších a skutkami dodržiavania zákona.

Aby dosvedčil, že On je Boží Syn, Ježiš uskutočňoval úžasné zázraky a znamenia, ktoré boli možné len s Božou mocou. Ale oni nespoznali Ježiša ani Ho neprijali ako Mesiáša.

Bolo to, však, iné u Židov, ktorí mali dobré srdce. Keď počúvali Ježišove posolstvá, verili v Neho, a keď videli zázračné znamenia, ktoré Ježiša vykonával, verili, že Boh bol s Ním. V tretej kapitole Jánovho evanjelia prišiel raz v noci za Ježišom farizej menom „Nikodém" a povedal mu:

> *„Rabbi, vieme, že si prišiel od Boha ako učiteľ, lebo nik nemôže robiť také znamenia, aké ty robíš, ak nie je s ním Boh"* (Jn 3, 2).

Boh lásky čaká na návrat Izraela

Prečo teda väčšina Židov nedokáže spoznať, že Ježiš, ktorý prišiel na zem, je Spasiteľ? Vlastnými myšlienkami vytvorili príkazy zákona, a verili, že milovali a slúžili Bohu a neboli ochotní akceptovať veci, ktoré sa líšili od ich vlastných ustanovení.

Až kým sa Pavol nestretol s Pánom Ježišom, pevne veril, že plne dodržiavať zákony a tradície starších znamenalo milovať Boha a slúžiť Mu. To je dôvod, prečo neprijal Ježiša ako Spasiteľa, ale namiesto toho prenasledoval Jeho a aj veriacich v Neho. Potom, čo sa na ceste do Damasku stretol so vzkrieseným Pánom Ježišom, jeho prikázania sa rozbili na kúsky a stal sa apoštolom jeho Pána, Ježiša Krista. Od tej doby by za Pána obetoval dokonca aj vlastný život.

Táto túžba dodržiavať zákon je najvnútornejším bytím Židov a silná stránka Bohom vyvoleného Izraela. Preto, akonáhle si uvedomia skutočnú vôľu Boha vloženú do zákona, budú môcť milovať Boha viac než ostatní ľudia alebo rasa a budú Mu verní celým svojím životom.

Keď Boh vyviedol ľud Izraela z Egypta, všetky zákony a príkazy im dal prostredníctvom Mojžiša, a povedal im, čo naozaj chce, aby robili. Sľúbil im, že v prípade, že milujú Boha, obrežú si srdcia a budú žiť podľa Jeho vôle, On bude s nimi a úžasne ich požehná.

A keď sa zasa obrátiš k Pánovi, svojmu Bohu, a budeš mu poslušný z celého srdca a z celej svojej duše aj so svojimi synmi tak, ako ti to dnes prikazujem, Pán zmení tvoj údel, zľutuje sa nad tebou a zozbiera ťa spomedzi národov, kam ťa rozprášil. A keby si bol zahnaný až na kraj nebies, aj odtiaľ ťa Pán, tvoj Boh, pritiahne späť a dovedie nazad; Pán, tvoj Boh, ťa privedie do krajiny, ktorú prevzali tvoji otcovia do vlastníctva, a ty ju zasa zaujmeš a on ťa požehná a rozmnoží ťa viac ako tvojich otcov. Potom Pán obreže tebe a tvojmu potomstvu srdce, aby si miloval Pána svojho Boha, z celého srdca a z celej svojej duše, aby si mohol žiť. A všetky tieto kliatby Pán zošle na tvojich nepriateľov a odporcov, ktorí ťa prenasledovali. Ty sa však vrátiš a budeš počúvať hlas Pána, svojho Boha, a vyplníš všetky jeho príkazy, ktoré ti ja dnes ukladám (Dt 30, 2-8).

Ako Boh sľúbil Jeho vyvolenému ľudu Izraela v týchto

veršoch, zozbieral Jeho ľudí, ktorí boli roztrúsení po celom svete a dovolil im, aby o pár tisíc rokov neskôr získali späť svoju krajinu a povýšil ich nad všetky národy zeme. Avšak, Izrael nespoznal veľkú lásku Boha skrze ukrižovanie, Jeho úžasnú prozreteľnosť stvorenia a kultiváciu ľudstva, ale aj naďalej nasleduje skutky dodržiavania zákona a tradície starších.

Boh lásky horlivo túži a čaká, kým opustia vlastnú, pokrivenú vieru, zmenia sa a čo najskôr sa stanú pravými deťmi. Po prvé, musia otvoriť svoje srdcia a prijať Ježiša, ktorý bol poslaný Bohom ako Spasiteľ všetkého ľudstva a získať odpustenie hriechov. Ďalej si musia uvedomiť skutočnú Božiu vôľu, ktorá je daná skrze zákon, a mať pravú vieru usilovným dodržiavaním Božieho slova skrze obriezku sŕdc, aby mohli dosiahnuť úplné spasenie.

Úprimne sa modlím, aby ľudia Izraela obnovili stratený obraz Boha skrze vieru, ktorá potešuje Boha, stali sa Jeho pravými deťmi, a mohli sa tak tešiť zo všetkých požehnaní, ktoré im Boh sľúbil a prebývali v sláve večného neba.

Skalný dóm, islamská mešita, ktorá sa nachádza v stratenom svätom meste Jeruzalem

Kapitola 4
Majte oči a uši otvorené!

Na konci sveta

Biblia nám jasne vysvetľuje začiatok a koniec histórie ľudstva. Boh nám už niekoľko tisíc rokov skrze Bibliu hovorí o Jeho histórii kultivácie ľudstva. História sa začala prvým človekom Adamom na zemi a skončí sa druhým príchodom Pána vo vzduchu.

Aký je teraz čas na Božích hodinách histórie kultivácie ľudstva, a koľko dní a hodín zostáva, kým hodiny odbijú posledné okamihy kultivácie ľudí? Teraz sa ponoríme do toho, ako Boh lásky naplánoval a pripravil Jeho vôľu viesť Izrael na cestu spásy.

Splnenie proroctiev v Biblii v priebehu ľudských dejín

V Biblii je mnoho proroctiev a všetky sú slovami všemohúceho Boha Stvoriteľa. Ako je uvedené v Iz 55, 11: *„tak bude moje slovo, ktoré mi vyjde z úst, nevráti sa ku mne naprázdno, ale urobí, čo som si želal, a vykoná, na čo som ho poslal,"* Božie slová boli doposiaľ splnené úplne a každé slovo bude splnené.

História Izraela zreteľne potvrdzuje, že proroctvá Biblie boli splnené úplne a bez najmenšej chyby. História Izraela sa deje presne podľa proroctiev zaznamenaných v Biblii: štyristoročné otroctvo Izraela v Egypte a Exodus, ich vstup do Kanaánskej krajiny, ktorá oplývala mliekom a medom, rozdelenie ich kráľovstva na polovicu – Izrael a Judsko a ich zničenie; babylonské zajatie; návrat Izraela domov; narodenie Mesiáša, ukrižovanie Mesiáša; zničenie Izraela a rozptýlenie jeho ľudu po celom svete a znovuobnovenie Izraela ako národa a jeho nezávislosť.

História ľudstva je pod kontrolou všemohúceho Boha, a kedykoľvek sa On chystal vykonať niečo dôležité, vopred oznámil Božím mužom to, čo sa malo stať (Am 3, 7). Boh predpovedal Noemovi, spravodlivému a bezúhonnému mužovi jeho doby, že veľká potopa zničí celú zem. On povedal Abrahámovi, že mestá Sodoma a Gomora budú zničené, a prorokovi Danielovi a apoštolovi Jánovi oznámil, čo sa stane na konci sveta.

Väčšina týchto proroctiev zaznamenaných v Biblii boli úplne splnené. Proroctvá, ktoré sa ešte majú splniť, sú Pánov druhý príchod a zopár udalostí, ktoré mu budú predchádzať.

Znamenia konca vekov

Bez ohľadu na to, ako vážne dnes vysvetľujeme, že teraz je koniec vekov, mnoho ľudí tomu neverí. Namiesto toho, aby to akceptovali, myslia si, že tí, ktorí hovoria o konci vekov, sú divní a snažia sa im vyhýbať. Myslia si, že slnko vyjde a zapadne, ľudia sa budú rodiť a umierať a civilizácia bude pokračovať ako doteraz.

Biblia zaznamenáva koniec vekov: *„Predovšetkým vedzte,*

že v posledných dňoch prídu s posmechom posmievači, žijúci podľa svojich žiadostí, a budú hovoriť: „Kde je ten jeho prisľúbený príchod?" Veď odvtedy, ako zosnuli otcovia, všetko ostáva tak, ako to bolo od počiatku stvorenia" (2 Pt 3, 3-4).

Kedykoľvek sa narodí človek, má určený čas, kedy zomrie. A tak, ako má ľudská história počiatok, má aj koniec. Keď nastane čas, ktorý Boh určil, všetko na tomto svete sa skončí.

V tom čase povstane Michal, veľké knieža, čo stojí nad synmi tvojho národa: Bude to čas úzkosti, aký nebol, odkedy povstal národ až po ten čas. V tom čase bude tvoj ľud oslobodený, každý, koho nájdu zapísaného v knihe. A mnohí z tých, čo spia v prachu zeme, sa zobudia; niektorí na večný život, iní na hanbu a večnú potupu. Rozumní sa budú skvieť ako lesk oblohy a tí, čo mnohých priviedli k spravodlivosti, budú ako hviezdy na večné veky. Ty však, Daniel, uzavri slová a zapečať knihu na posledný čas; mnohí ju preskúmajú a rozšíri sa poznanie (Dan 12, 1-4).

Prostredníctvom proroka Daniela Boh prorokoval, čo sa stane na konci vekov. Niektorí ľudia hovoria, že proroctvá dané skrze Daniela už boli splnené v minulosti. Ale toto proroctvo bude plne splnené v poslednom okamihu dejín ľudstva, a je úplne v súlade so znameniami posledných dní sveta, ktoré sú zaznamenané v Novom zákone.

Toto Danielovo proroctvo súvisí s druhým príchodom Pána. Verš 1 hovorí: *„Bude to čas úzkosti, aký nebol, odkedy povstal národ až po ten čas. V tom čase bude tvoj ľud oslobodený, každý, koho nájdu zapísaného v knihe."* Hovorí o sedemročnom veľkom súžení, ktoré nastane na konci sveta a o paberkovanom spasení.

Druhá polovica štvrtého verša hovorí: *„mnohí ju preskúmajú a rozšíri sa poznanie."* Opisuje každodenný život, ktorí dnes ľudia žijú. Tieto Danielove proroctvá neodkazujú na zničenie Izraela, ktoré sa konalo v roku 70 n.l., ale na znamenia konca vekov.

Ježiš podrobne hovoril svojim učeníkom o znameniach konca vekov. V Mt 24:6-7. 11-12, povedal: *„Budete počuť o vojnách a chýry o bojoch. Dajte si pozor, aby ste sa neplašili. To musí prísť, ale ešte nebude koniec. Lebo povstane národ proti národu a kráľovstvo proti kráľovstvu. Miestami bude hlad a zemetrasenie. Vystúpi mnoho falošných prorokov a zvedú mnohých. A pretože sa rozmnoží neprávosť, v mnohých vychladne láska."*

Aká je dnes situácia vo svete? Počujeme správy o vojnách a množstvo správ o vojnách a terorizme sa každým dňom zvyšuje. Národy medzi sebou navzájom bojujú a kráľovstvo povstáva proti kráľovstvu. Je tu mnoho hladomoru a zemetrasení, ako aj mnoho druhov prírodných pohrôm a katastrof spôsobených neobvyklými klimatickými podmienkami. Okrem toho sa na celom svete rozmnožila neprávosť, hriechy a zlo sú na dennom poriadku a v ľuďoch vychladla láska.

To isté je napísané v druhom Timotejovom liste.

> *Vedz, že v posledných dňoch nastanú nebezpečné časy. Ľudia budú totiž sebeckí, chamtiví, chvastaví, pyšní, rúhaví, neposlušní voči rodičom, nevďační, bezbožní, bezcitní, nezmierliví, ohováračni, nezdržanliví, suroví, bez lásky k dobru, zradní, bezhlaví, nadutí, milujúci viac rozkoše ako Boha; budú mať výzor nábožnosti, ale jej silu budú popierať. A týchto sa chráň!* (2 Tim 3, 1-5)

Dnes ľudia nemajú radi dobré veci, ale milujú peniaze a potešenie. Hľadajú vlastné výhody a bez váhania a svedomia páchajú hrozné hriechy a zlo, vrátane vrážd a podpaľačstva. Tieto veci sa odohrávajú príliš často a mnoho takýchto vecí sa deje okolo nás, a preto srdcia ľudí sa stávajú čoraz otupenejšie do takej miery, že väčšinu ľudí už nič neprekvapí. Vidiac všetky tieto veci nemôžeme poprieť, že priebeh ľudskej histórie skutočne dosahuje koniec vekov.

Aj dejiny Izraela nám pripomínajú znamenia druhého príchodu Pána a konca sveta.

Mt 24, 32-33 hovorí: *„Od figovníka sa naučte podobenstvo. Keď jeho ratolesť mladne a vyháňa lístie viete, že je blízko leto. Tak aj vy; až uvidíte toto všetko, vedzte, že je blízko, predo dvermi."*

„Figovník" predstavuje Izrael. Strom vyzerá mŕtvy v zime, ale keď príde jar, znovu vyženie výhonky, jeho vetvy vyrastú a vyženú zelené listy. Podobne, od zničenia Izraela v roku 70 n.l., asi dvetisíc rokov sa zdalo, že Izrael úplne zanikol. Ale keď nadišiel čas Božieho výberu, vyhlásil svoju nezávislosť a 14. mája 1948 bol vyhlásený za štát.

Najdôležitejšie je, že nezávislosť Izraela poukazuje na to, že druhý príchod Ježiša Krista je veľmi blízko. Preto by si Izrael mal uvedomiť, že Mesiáš, ktorého ešte stále očakáva, prišiel na zem pred dvetisíc rokmi a stal sa Spasiteľom celého ľudstva, a tiež by mal na pamäti, že skôr či neskôr Spasiteľ Ježiš príde na zem ako sudca.

Čo sa potom podľa proroctva Biblie stane s nami, ktorí budeme žiť v posledných dňoch?

Príchod Pána vo vzduchu a nadšenie

Asi pred dvetisíc rokmi bol Ježiš ukrižovaný, tretieho dňa vstal z mŕtvych, a tak zlomil moc smrti. Potom vystúpil na nebesia a mnoho ľudí bolo toho svedkami.

„Mužovia galilejskí, čo stojíte a hľadíte do neba?

Tento Ježiš, ktorý bol od vás vzatý do neba, príde tak, ako ste ho videli do neba odchádzať'" (Sk 1, 11).

Pán Ježiš otvoril ľudstvu cestu spásy Jeho ukrižovaním a vzkriesením, potom bol vyzdvihnutý do neba a posadený po pravej strane Božieho trónu a pripravuje nebeské príbytky pre tých, ktorí sú spasení. A keď sa skončí história ľudstva, príde znova, aby nás vzal k sebe. Jeho druhý príchod je dobre popísaný v 1 Tes 4, 16-17.

Lebo na povel, na hlas archanjela a zvuk Božej poľnice sám Pán zostúpi z neba a tí, čo umreli v Kristovi, vstanú prví. Potom my, čo žijeme a zostaneme, budeme spolu s nimi v oblakoch uchvátení do vzduchu v ústrety Pánovi, a tak budeme navždy s Pánom.

Aká majestátna bude scéna, keď Pán príde do vzduchu na oblakoch slávy v sprievode anjelov a nespočetného množstva nebeských zástupov! Tí, ktorí boli spasení, dostanú nesmrteľné duchovné telá a stretnú sa s Pánom vo vzduchu. Potom budú sláviť sedemročnú svadobnú hostinu spoločne s Pánom, naším večným Ženíchom.

Tí, ktorí boli spasení, budú vyzdvihnutí do vzduchu a stretnú sa s Pánom, čo sa nazýva „nadšenie". Kráľovstvo vzduchu sa vzťahuje na časť druhého neba, ktorú Boh pripravil pre sedemročnú svadobnú hostinu.

Boh rozdelil duchovnú oblasť na niekoľkých častí, a jednou z nich je druhé nebo. Druhé nebo je ďalej rozdelené do dvoch oblastí – na svet svetla, ktorým je Eden, a na svet tmy. V oblasti sveta svetla je špeciálny priestor pripravený pre sedemročnú svadobnú hostinu.

Ľudia, ktorí sa ozdobili vierou dosiahnuť spásu v tomto svete plnom zla a hriechov, budú vyzdvihnutí do vzduchu ako nevesty Pána, potom sa stretnú s Pánom a sedem rokov sa budú radovať na svadobnej hostine.

„Radujme sa a plesajme, vzdávajme mu slávu, lebo nadišla Baránkova svadba a jeho nevesta sa pripravila. A smela sa obliecť do čistého, skvúceho kmentu; ten kment sú spravodlivé skutky svätých." Potom mi povedal: „Napíš: Blahoslavení sú tí, čo sú pozvaní na Baránkovu svadobnú hostinu!" A povedal mi: „Tieto Božie slová sú pravdivé" (Zjv 19, 7-9).

Tí, ktorí budú vzatí do vzduchu, budú počas svadobnej hostiny s Pánom utešovaní, pretože prekonali svet s vierou, zatiaľ čo tí, ktorí nebudú vyzdvihnutí, budú trpieť nevýslovným utrpením spôsobeným zlými duchmi, ktorí budú vypustení na zem po druhom príchode Pána vo vzduchu.

Sedemročné veľké súženie

Zatiaľ čo tí, ktorí boli spasení, sa budú radovať na sedemročnej svadobnej hostine vo vzduchu a snívať o šťastnom a večnom nebi, na celej zemi bude najbolestivejšie súženie, ktoré nemá obdobu v dejinách ľudstva, a budú sa diať hrozné veci.

Ako teda začne sedemročné veľké súženie? Pretože náš Pán sa vráti vo vzduchu a veľa ľudí bude naraz vyzdvihnutých, tí, ktorí zostanú na zemi, budú v panike a v šoku z náhleho zmiznutia ich rodín, priateľov a susedov, a budú ich všade hľadať.

Čoskoro si uvedomia, že nadšenie, o ktorom hovorili kresťania, skutočne prišlo. Budú zdesení pri pomyslení na sedemročné veľké súženie, ktoré ich čaká. Budú pohltení obrovskou úzkosťou a panikou. A keď budú piloti, kormidelníci, strojvedúci, šoféri automobilov a ďalších vozidiel, vyzdvihnutí do neba, dôjde k veľkému množstvu dopravných nehôd a požiarov, budovy sa zrútia a svet bude plný chaosu a veľkého zmätku.

Vtedy sa objaví človek, ktorý do sveta prinesie mier a poriadok. On bude vládcom Európskej únie. Spojí sily politických, ekonomických a vojenských organizácií a so zjednotenou silou bude udržiavať svet v poriadku a do spoločnosti prinesie mier a stabilitu. To je dôvod, prečo sa bude mnoho ľudí radovať pri jeho vystúpení na svetovú scénu. Mnohí ho budú nadšene vítať, lojálne podporovať a aktívne mu pomáhať.

On bude antikrist uvedený v Biblii, ktorý povedie sedemročné veľké súženie, ale na nejakú dobu sa bude javiť ako „posol mieru". V skutočnosti antikrist prinesie ľuďom na začiatku sedemročného veľkého súženia mier a poriadok.

Nástroj, ktorý bude používať na získanie svetového mieru, je znak šelmy „666", ako je zaznamenané v Biblii.

A pôsobí, že všetci, malí i veľkí, bohatí i chudobní, slobodní aj otroci, prijímajú na pravú ruku alebo na čelo znak, a že nik nemôže kupovať alebo predávať, iba ten, kto má znak: meno šelmy alebo číslo jej mena. V tomto je múdrosť: Kto má rozum, nech spočíta číslo šelmy; je to číslo človeka a jeho číslo je šesťstošesťdesiatšesť (Zjv 13, 16-18).

Aký je znak šelmy?

Šelma odkazuje na počítač. Európska únia (EÚ) zriadi svoje organizácie použitím počítačov. Prostredníctvom počítačov EÚ každý človek dostane čiarový kód na pravú ruku alebo na čelo. Čiarový kód je znak šelmy. Všetky druhy osobných údajov, ktoré má každý človek, budú v tomto čiarovom kóde a čiarový kód bude pripevnený na telo človeka. S týmto čiarovým kódom pripevneným na tele bude môcť počítač EÚ podrobne monitorovať, sledovať, kontrolovať a riadiť každého človeka, kdekoľvek sa bude nachádzať a čokoľvek bude robiť.

Naše súčasné kreditné karty a preukazy budú nahradené znakom šelmy „666". Potom už ľudia nebudú potrebovať hotovosť alebo šeky. Už sa nebudú musieť obávať, že niečo stratia, alebo že ich okradnú o peniaze. Tento silný bod bude naliehať, aby sa znak šelmy „666" rozšíril v krátkom čase do celého sveta a bez tohto znaku nikto nebude môcť byť identifikovaný a nebude môcť nič predať alebo kúpiť.

Od začiatku sedemročného veľkého súženia budú ľudia dostávať znak šelmy, ale nebudú nútení ho prijať. Bude im len odporúčané ho prijať iba dovtedy, dokedy nebude organizácia EÚ stabilná. Akonáhle sa ukončí prvá polovica sedemročného veľkého súženia a organizácia sa stane stabilnou, potom bude EÚ nútiť všetkých ľudí znak prijať a nezabudne na tých, ktorí ho odmietnu.. A teda, EÚ zviaže ľudí znakom šelmy a povedie ich tak, ako bude chcieť.

Nakoniec bude väčšina ľudí, ktorí zostanú na zemi v priebehu sedemročného veľkého súženia, kontrolovaná antikristom a vládou šelmy. Pretože tento antikrist bude riadený nepriateľom diablom, EÚ spôsobí, že ľudia budú proti Bohu a povedie ich na cestu zla a neprávosti, hriechov a smrti.

Ale niektorí ľudia nepodľahnú rozhodnutiu antikrista. To sú tí, ktorí uverili v Ježiša Krista, ale neboli vyzdvihnutí do neba pri druhom príchode Pána, pretože nemali pravú vieru.

Niektorí z nich už kedysi prijali Pána a žili v Božej milosti, ale neskôr stratili túto milosť a vrátili sa do sveta, a zase ďalší vyznávali vieru v Krista a chodili do kostola, ale oddávali sa svetským radovánkam, pretože nemali duchovnú vieru. A budú tam aj iní, ktorí práve prijali Pána Ježiša Krista a niektorí Židia, ktorí sa prostredníctvom nadšenia prebudili z duchovného spánku.

Keď sa stanú svedkami reality nadšenia, uvedomia si, že všetky slová v Starom aj v Novom zákone boli pravdivé a budú nariekať búšením do zeme. Ovládne ich veľký strach, budú konať pokánie z toho, že nežili podľa Božej vôle a snažiť sa nájsť spôsob, ako získať spásu.

Po nich nasledoval iný, tretí anjel a volal mohutným hlasom: „Ak sa niekto bude klaňať šelme a jej obrazu a prijme znak na svoje čelo alebo na svoju ruku, aj ten bude piť z vína Božieho hnevu, nezriedeného, naliateho do čaše jeho hnevu, a bude mučený ohňom a sírou pred svätými anjelmi a pred Baránkom. A dym ich múk bude stúpať na veky vekov a nebudú mať oddychu vo dne v noci tí, čo sa klaňajú šelme a jej obrazu, ani ten, kto by prijal znak jej mena." V tomto je trpezlivosť svätých, ktorí zachovávajú Božie prikázania a vieru v Ježiša (Zjv 14, 9-12).

Ak niekto prijme znak šelmy, bude nútený stať sa poslušným antikristovi, ktorý sa stavia proti Bohu. To je dôvod, prečo Biblia zdôrazňuje, že ten, kto prijme znak šelmy, nemôže byť spasený. Počas veľkého súženia sa ľudia, ktorí poznajú túto skutočnosť, budú snažiť neprijať znak šelmy, aby dokázali, že majú vieru.

Totožnosť antikrista bude jasne odhalená. On označí za nečistých členov spoločnosti tých, ktorí budú proti jeho politike a odmietnu prijať znak a odstráni ich zo spoločnosti z dôvodu narúšania sociálneho pokoja. A bude ich nútiť, aby popreli Ježiša

Krista a prijali znak šelmy. Ak budú odporovať, bude nasledovať ťažké prenasledovanie a ich mučeníctvo.

Spása mučeníctvom pre neprijatie znaku šelmy

Mučenie tých, ktorí sa budú brániť prijatiu znaku šelmy počas sedemročného veľkého súženia, bude nepredstaviteľne tvrdé. Muky budú príliš neznesiteľné, aby ich vydržali, a preto sa tam nájde len zopár takých, ktorí odolajú a získajú poslednú príležitosť na spásu. Niektorí z nich povedia: „Nevzdám sa svojej viery v Pána. Stále v Neho verím celým svojím srdcom. Ale pretože je utrpenie také zdrvujúce, Pána popieram len ústami. Boh mi rozumie a zachráni ma." A potom prijmu znak šelmy. Ale takýto ľudia nemôžu byť vôbec spasení.

Keď som sa pred niekoľkými rokmi modlil, Boh mi vo videní zjavil, ako sa niektorí z tých, ktorí zostanú na zemi v priebehu veľkého súženia, budú brániť prijatiu znaku šelmy a budú mučení. Boli to naozaj hrozné scény! Mučitelia stiahli telá z kože, na kúsky polámali všetky kĺby v tele, odrezali prsty na rukách a na nohách, odrezali ruky a nohy a telá obliali vriacim olejom.

Počas druhej svetovej vojny došlo k hrôzostrašnému vraždeniu, mučeniu a lekárskym pokusom na živých telách. Vtedajšie mučenie sa však nedá porovnať s mučením počas sedemročného veľkého súženia. Po nadšení bude antikrist, ktorý je jedno s nepriateľom diablom, vládnuť nad celým svetom a s nikým nebude mať žiadne zľutovanie a súcit.

Nepriateľ diabol a sily antikrista budú všetkými možnými spôsobmi presviedčať ľudí, aby zapreli Ježiša, aby ich tak zviedli do pekla. Veriacich budú mučiť všetkými druhmi krutých metód, ale nezabijú ich hneď. Všetky druhy mučiacich metód a najnovšie mučiace zariadenia, ktoré budú používané na týranie, veriacim spôsobia maximálnu paniku a bolesti. Ale ukrutné mučenie bude pokračovať.

Mučení ľudia budú túžiť čo najskôr zomrieť, ale nemôžu si vybrať smrť, pretože antikrist ich nezabije ľahko a dobre vedia, že samovražda nikdy nevedie k spáse.

Boh mi vo videní ukázal, že väčšina z týchto ľudí neznesie bolesť z mučenia a podľahne antikristovi. Na nejaký čas budú niektorí z nich vyzerať, že vydržia a prekonajú mučenie silnou vôľou, ale keď uvidia svoje milované deti alebo rodičov mučených rovnakým spôsobom, prestanú odporovať, vzdajú sa antikristovi a následne prijmu znak šelmy.

Medzi týmito mučenými ľuďmi bude pomerne dosť takých, ktorí budú mať priame a pravdivé srdcia, prekonajú toto ukrutné mučenie a prefíkané pokúšanie antikrista, a zomrú mučeníckou smrťou. A tak sa tí, ktorí si zachovajú vieru aj napriek mučeníctvu počas veľkého súženia, zúčastnia sprievodu spásy.

Cesta k spáse počas blížiaceho sa súženia

Keď vypukla druhá svetová vojna, Židia, ktorí žili pokojným životom v Nemecku, nikdy netušili, že ich čaká také ukrutné hromadné zabíjanie ako vyvraždenie šiestich miliónov ľudí. Nikto nevedel alebo nemohol predpokladať, že Nemecko, ktoré im ponúkalo mier a relatívnu stabilitu, sa môže náhle v takom krátkom čase zmeniť na takú zlú silu.

V tej dobe nevediac, čo sa bude diať, Židia boli bezradní a nemohli nič robiť, aby zabránili veľkému utrpeniu. Boh si želá, aby sa Jeho vyvolení ľud vyhol blížiacemu sa nešťastiu. To je dôvod, prečo Boh podrobne zaznamenal koniec sveta v Biblii a dovolil Božím mužom, aby varovali Izrael o blížiacom sa súžení a prebudili ho.

Najdôležitejšia vec, ktorú by mal Izrael vedieť, je, že tomuto nešťastiu súženia sa nemožno vyhnúť a namiesto úniku z neho, Izrael bude v centre veľkého súženia. Želám si, aby ste si uvedomili, že k tomuto utrpeniu dôjde veľmi skoro, a ak nebudete pripravení, príde ako zlodej. Musíte sa prebudiť z duchovného spánku, aby ste sa zachránili pred týmto ukrutným nešťastím.

Práve teraz je čas, kedy sa Izrael musí prebudiť! Musí konať pokánie z toho, že nespoznal Mesiáša a prijať Ježiša Krista ako Spasiteľa celého ľudstva, a mať pravú vieru, ktorú Boh od nich chce, aby sa radostne tešili, keď sa Pán vráti vo vzduchu.

Vyzývam vás, aby ste mali na pamäti, že antikrist sa najskôr objaví ako posol mieru presne tak, ako Nemecko určitú dobu pred druhou svetovou vojnou. Ponúkne mier a pohodlie, ale potom sa veľmi rýchlo a úplne nečakane antikrist stane veľkou silou, silou, ktorej moc už teraz rastie, a prinesie utrpenie a nešťastie nad ľudskú predstavivosť.

Desať prstov

V Biblii je veľa prorockých pasáží, ktoré sa majú stať v budúcnosti. Obzvlášť, keď sa pozrieme na proroctvá zaznamenané v knihách veľkých prorokov Starého zákona, ktoré nám v predstihu hovoria nielen o budúcnosti Izraela, ale aj o budúcnosti sveta. Prečo si myslíte, že je to tak? Bohom vyvolený ľud Izraela bol, je a bude v centre dejín ľudstva.

Veľká socha zaznamenaná v Danielovom proroctve

Danielova kniha prorokuje nielen o budúcnosti Izraela, ale aj o tom, čo sa stane so svetom v posledných dňoch v súvislosti s koncom Izraela. V Dan 2, 31-33 Bohom inšpirovaný Daniel vyložil sen kráľa Nabuchodonozora, a tento výklad prorokoval, čo sa stane na konci sveta.

> *Ty, kráľu, díval si sa a hľa, akási mohutná socha! Táto socha bola veľká a jej lesk silný; stála pred tebou a jej výzor bol hrozný. Hlava tejto sochy bola z jemného zlata, jej prsia a ramená zo striebra, jej brucho a bedrá z bronzu, jej nohy zo železa, jej chodidlá čiastočne zo železa, čiastočne z hliny* (Dan 2, 31-33).

Čo teda tieto verše prorokujú o situácii vo svete v posledných dňoch?

„Mohutná socha", ktorú kráľ Nabuchodonozor videl vo sne, nie je nikto iný ako Európska únia. Dnes je svet riadený dvoma mocnosťami – Spojenými štátmi a Európskou úniou. Taktiež nemôžeme ignorovať vplyvy Ruska a Číny. Ale v oblasti ekonomiky a vojenskej sily budú Spojené štáty americké a Európska únia aj tak najvplyvnejšími mocnosťami na svete.

V súčasnej dobe sa EÚ zdá byť trochu slabá, ale jej moc sa zväčší. Dnes o tom nikto nepochybuje. Až doteraz boli Spojené štáty americké jediným dominantným národom na svete, ale kúsok po kúsku sa na celom svete stane dominantnejšou EÚ.

Len pred niekoľkými desiatkami rokov by nikomu nenapadlo, že krajiny v Európe by mohli byť zjednotené do jedného vládneho systému. Hoci krajiny Európy už dlho diskutovali o Európskej únii, nikto si nemohol byť istý, že môžu prekonať bariéry národnej identity, jazyka, meny a mnoho ďalších prekážok, aby vytvorili jeden zjednotený orgán.

Ale na konci 80. rokov z ekonomických dôvodov začali predstavitelia európskych krajín vážne diskutovať o tejto záležitosti. Počas studenej vojny bola hlavnou silou na udržanie dominantného postavenia vo svete vojenská moc. Ale od skončenia studenej vojny sa hlavná sila presunula z vojenskej moci na ekonomickú moc.

Kvôli tomuto sa krajiny Európy snažili zjednotiť a ako výsledok sa stali celkom v ekonomickom zjednotení. Ostáva ešte jedna vec, a tou je politické zjednotenie, čím by sa krajiny spojili do jedného vládneho systému. Dnešná situácia to všetko urýchľuje.

„*Táto socha bola veľká a jej lesk silný; stála pred tebou a jej výzor bol hrozný,*" to, o čom hovorí Dan 2, 31, je prorokovanie o raste a činnosti Európskej únie. To nám hovorí, ako silná a mocná bude Európska únia.

EÚ bude mať veľkú moc

Ako získa EÚ veľkú moc? Verš 32 a ďalej v Dan 2 nám na to dáva odpoveď vysvetlením, z čoho sú vyrobené časti sochy – hlava, prsia, ramená, brucho, stehná, nohy a chodidlá.

Po prvé, verš 32 hovorí: „*Hlava tejto sochy bola z rýdzeho zlata.*" To prorokuje, že ekonomická situácia EÚ sa zlepší a bude riadiť ekonomickú moc prostredníctvom nahromadenia bohatstva. Podľa tohto proroctva bude EÚ prosperovať a vďaka ekonomickej jednote bude mať vysoké zisky.

Ďalej, rovnaký verš hovorí: „*jej prsia a ramená zo striebra.*" To symbolizuje, že EÚ sa bude sociálne, kultúrne a politicky javiť ako jednotná. Keď bude na reprezentovanie EÚ zvolený jediný prezident, EÚ dosiahne politickú jednotu a úplne sa zjednotí v sociálnych a kultúrnych aspektoch. Avšak v dôsledku neúplnej jednoty, každý člen sa bude snažiť o vlastný ekonomický prospech.

Ďalej hovorí: *„jej brucho a bedrá z bronzu."* To symbolizuje, že EÚ dosiahne vojenskú jednotu. Každá krajina Európskej únie chce mať ekonomickú moc. Táto vojenská jednota bude zásadne za účelom ekonomického prospechu, ktorý je konečným cieľom. Pre zapojenie sa do získania moci riadiť svet prostredníctvom ekonomickej sily, nebude žiadna iná možnosť, ako zjednotiť sociálnu, kultúrnu, politickú a vojenskú sféru.

Nakoniec hovorí: *„jej nohy zo železa."* To odkazuje na ďalší pevný základ na posilnenie a podporu EÚ prostredníctvom náboženskej jednoty. V počiatočnej fáze bude EÚ vyhlasovať katolicizmus za štátne náboženstvo. Katolicizmus získa silu a stane sa mechanizmom podpory na posilnenie a udržanie EÚ.

Duchovný význam desiatich prstov

Ak EÚ uspeje v zjednotení mnohých krajín v ich ekonomickej, politickej, sociálnej, kultúrnej, vojenskej a náboženskej sfére vplyvu, najprv bude chváliť svoju jednotu a moc, ale krôčik po krôčiku začnú pozorovať príznaky sváru a rozdelenia.

V ranej fáze EÚ sa krajiny spoja, pretože si budú navzájom dávať koncesie kvôli vzájomným ekonomickým prínosom. Ale s postupom času medzi nimi začnú vznikať sociálne, kultúrne, politické a ideologické rozdiely a svár. Potom sa objavia rôzne znaky rozdelenia. A nakoniec prepuknú náboženské konflikty – konflikty medzi katolíkmi a protestantami.

Dan 2, 33 hovorí: „*…jej chodidlá čiastočne zo železa, čiastočne z hliny.*" To znamená, že niektoré z desiatich prstov sú vyrobené zo železa a niektoré z hliny. Desať prstov sa nevzťahuje na „desať krajín EÚ". Predstavujú „päť reprezentatívnych krajín veriacich v katolicizmus" a „päť reprezentatívnych krajín veriacich v protestantizmus."

Rovnako ako sa nezmieša železo s hlinou, krajiny, v ktorých je dominantný katolicizmus a tie, v ktorých je dominantný protestantizmus, nie sú úplne zjednotené, to znamená, že dominantné krajiny a tie, ktoré sú dominované, sa nemiešajú.

Keďže svár v EÚ bude narastať, budú cítiť, že je potrebné zjednotiť krajiny v náboženstve, a nadváhu na viacerých miestach získa katolicizmus.

Preto kvôli ekonomickým prínosom v posledných dňoch vznikne Európska únia, ktorá potom povstane s obrovskou mocou. Neskôr EÚ zjednotí náboženstvo, ktorým bude katolicizmus a jednota EÚ sa stane ešte silnejšou. Nakoniec sa z EÚ stane idol.

Idoly sú objekty, ktoré majú byť uctievané a velebené ľuďmi. V tomto zmysle bude EÚ na čele svetového prúdu s obrovskou mocou, a ako silný idol bude vládnuť nad celým svetom.

Tretia svetová vojna a Európska únia

Ako je uvedené vyššie, keď náš Pán príde znovu vo vzduchu na konci sveta, v tom istom čase bude nespočetné množstvo veriacich vyzdvihnutých do vzduchu, a na zemi nastane obrovský chaos. Onedlho nato získa EÚ moc vládnuť nad celým svetom v mene udržania mieru a poriadku na celom svete, ale neskôr sa EÚ postaví proti Pánovi a bude viesť sedemročné veľké súženie.

Neskôr sa členovia EÚ oddelia, pretože sa budú snažiť o dosiahnutie vlastných výhod. To sa stane počas sedemročného veľkého súženia. Začiatok tohto sedemročného veľkého súženia, ako bolo prorokované v dvanástej kapitole Danielovej knihy, sa stane v súlade s priebehom dejín Izraela a histórie sveta.

Sila a moc EÚ sa bude ihneď po sedemročnom veľkom súžení neustále zväčšovať. Únia bude mať jediného prezidenta zvoleného členskými krajinami. To sa stane tesne potom, ako tí, ktorí prijali Ježiša Krista ako Spasiteľa a získali právo stať sa Božími deťmi, budú v čase druhého príchodu Pána vo vzduchu, premenení a vyzdvihnutí do neba.

Väčšina Židov, ktorí neprijmu Ježiša ako Spasiteľa, zostanú na zemi a budú trpieť počas sedemročného veľkého súženia. Bieda a hrôza veľkého súženia budú také obrovské, že sa to nedá ani opísať. Zem bude plná srdcervúcich udalostí, vrátane vojny, vrážd, popráv, hladomoru, chorôb a pohrôm, ktoré budú extrémnejšie ako čokoľvek iné v histórii ľudstva.

Začiatok sedemročného veľkého súženia bude signalizovaný vojnou v Izraeli, ktorá vypukne medzi Izraelom a Stredným východom. Dlhotrvajúce nadmerné napätie a pohraničné spory medzi Izraelom a zvyškom národov Stredného východu nikdy neprestanú. V budúcnosti sa tento spor ešte zhorší. Vypukne tvrdá vojna, pretože svetové mocnosti budú zasahovať do záležitostí s ropou. Budú sa medzi sebou hádať o tom, kto získa vyšší titul a výhody v medzinárodných záležitostiach.

Spojené štáty, ktoré boli stále tradičným spojencom Izraela, budú Izrael dlho podporovať. Európska únia, Čína a Rusko, ktoré sú proti Spojeným štátom, sa spoja so Stredným východom, a potom medzi týmito dvoma stranami vypukne tretia svetová vojna.

Tretia svetová vojna bude úplne iná ako druhá svetová vojna. V druhej svetovej vojne bolo zabitých alebo zomrelo v dôsledku vojny viac ako päťdesiat miliónov ľudí. Dnešná sila moderných zbraní, vrátane jadrových bômb, chemických a biologických zbraní a mnoho ďalších, sa nedá porovnávať so zbraňami druhej svetovej vojny, a výsledky ich použitia budú tiež nepredstaviteľne desivé.

Všetky druhy zbraní, vrátane jadrových bômb a rôznych súčasných zbraní, ktoré boli od tej doby vyrobené, budú nemilosrdne používané a spôsobia neopísateľné deštrukcie a krvipreliatie. Krajiny, ktoré viedli vojnu, budú úplne zničené a zbedačené. To však nebude koniec vojny. Po jadrovom výbuchu bude nasledovať rádioaktivita. Rádioaktívne znečistenie, vážne klimatické zmeny a pohromy postihnú celú zem. V dôsledku toho bude celá zem, vrátane krajín, ktoré viedli vojnu, prežívať peklo na zemi.

V polovici vojny sa zastavia jadrové útoky, pretože ak by boli jadrové zbrane ďalej používané, ohrozilo by to existenciu celého ľudstva. Ale všetky ostatné zbrane a veľké zástupy armád urýchlia vojnu. USA, Čína a Rusko nebudú schopné sa obnoviť. Väčšina krajín sveta sa takmer zrúti, ale EÚ unikne najväčším škodám. EÚ sľubuje podporu Číne a Rusku, ale počas vojny sa EÚ nebude aktívne podieľať na bojovaní, a preto neutrpí také veľké straty ako ostatné krajiny.

Keď mnoho svetových veľmocí, vrátane USA, utrpia veľké straty a stratia moc vo víre bezprecedentnej vojny, EÚ sa stane jedinou najmocnejšou národnou alianciou a bude vládnuť celému svetu. Na začiatku bude EÚ jednoducho sledovať priebeh vojny, a keď už budú ostatné krajiny úplne ekonomicky a vojensky zničené, potom vystúpi EÚ a začne riešiť vojnu. Keďže ostatné krajiny stratia všetku moc, nebudú mať inú možnosť, než nasledovať rozhodnutie EÚ.

Vtedy sa začne druhá polovica sedemročného veľkého súženia, a počas ďalšieho tri a pol roka bude antikrist, ktorý je vládcom EÚ, riadiť celý svet a vyhlási sa za svätého. Antikrist bude mučiť a prenasledovať tých, ktorí budú proti nemu.

Skutočná povaha antikrista je odhalená

V raných fázach tretej svetovej vojny niekoľko krajín utrpí v dôsledku vojny veľké straty a EÚ im prisľúbi ekonomickú podporu cez Čínu a Rusko. Izrael bude obetovaný ako ústredné ohnisko vojny a vtedy mu EÚ prisľúbi vybudovanie svätého Božieho chrámu, na ktorý Izrael tak dlho čaká. S týmto ústupkom EÚ budú Izraeliti snívať o obnovení slávy, ktorej sa tešili v minulosti, keď boli Bohom žehnaní. A z tohto dôvodu sa aj oni spoja s EÚ.

Kvôli podpore Izraela bude prezident EÚ považovaný za záchrancu Židov. Dlhotrvajúca vojna na Blízkom východe sa skončí a oni obnovia Svätú zem a postavia svätý Boží chrám. Uveria, že Mesiáš a ich Kráľ, na ktorého tak dlho čakali, konečne prišiel, úplne obnovil Izrael a oslávil ich.

Ale ich očakávania a radosť čoskoro pominú. Keď bude svätý Boží chrám v Jeruzaleme obnovený, stane sa niečo neočakávané. To bolo prorokované v Danielovej knihe.

V jednom týždni však potvrdí zmluvu s mnohými a v polovici týždňa prestane obeta a žertva, v chráme však bude ohavné spustošenie a až do dovŕšenia a do konca potrvá spustošenie (Dan 9, 27).

Povstanú z neho ramená a znesvätia pevnú svätyňu, odstránia ustavičnú obetu a postavia ohavnosť spustošenia (Dan 11, 31).

A od času, čo odstránia ustavičnú obetu a postavia ohavnosť spustošenia, uplynie tsícdvestodeväťdesiat dní (Dan 12, 11).

Všetky tieto tri verše hovoria o rovnakej udalosti. Je to udalosť, ku ktorej dôjde na konci vekov. Ježiš tiež hovoril o konci vekov v nasledujúcom verši.

V Mt 24, 15-16 povedal: *„Keď uvidíte ohavnosť spustošenia na svätom mieste, ako predpovedal prorok Daniel – kto číta, nech pochopí: vtedy tí, čo budú v Judei, nech utečú do hôr."*

Spočiatku Židia budú veriť, že EÚ zrekonštruovala svätý Boží chrám vo Svätej zemi, ktorý považujú za svätý, ale keď na svätom mieste dôjde k ohavnostiam, budú prekvapení a uvedomia si, že vo viere urobili chybu. Uvedomia si, že sa odvrátili od Ježiša Krista, a že On je ich Mesiáš a Spasiteľ ľudstva.

To je pravý dôvod, prečo sa Izrael musí prebudiť už teraz. Ak sa Izrael neprebudí dnes, nebude schopný si v pravý čas uvedomiť pravdu. Izrael si príliš neskoro uvedomí pravdu a to bude nezvratné.

A preto, tebe, Izrael, vrúcne želám, aby si sa prebudil, nepodľahol pokušeniam antikrista a neprijal znak šelmy. Ak budete oklamaní sladkými a lákavými slovami antikrista, ktorý vám bude sľubovať mier a prosperitu a prijmete znak šelmy

„666", budete musieť ísť cestou k nezvratnej a večnej smrti.

Čo je poľutovaniahodnejšie je to, že až keď bude totožnosť šelmy odhalená, ako prorokoval Daniel, mnoho Židov si uvedomí, že ťažisko ich viery bolo nesprávne. Prostredníctvom tejto knihy vám želám, aby ste prijali Mesiáša, ktorého už Boh poslal a vyhli sa utrpeniu počas sedemročného veľkého súženia.

Preto, ako som už hovoril vyššie, musíte prijať Ježiša Krista a mať vieru, ktorá je v očiach Boha správna. Je to jediný spôsob, ako môžete uniknúť sedemročnému veľkému súženiu.

Aká to bude škoda, ak nebudete vyzdvihnutí do neba, ale ponechaní na zemi po druhom príchode Pána! Ale našťastie nájdete poslednú šancu na spásu.

Vrúcne vás prosím, aby ste ihneď prijali Ježiša Krista a žili v priateľstve s bratmi a sestrami v Kristovi. Ale ani teraz nie je príliš neskoro na to, aby ste sa naučili skrze Bibliu a túto knihu, ako si budete môcť udržať vieru v blížiacom sa veľkom súžení a našli spôsob, ktorý Boh pripravil ako vašu poslednú príležitosť na spásu a boli vedení na správnu cestu.

Verná Božia láska

Boh splnil Jeho prozreteľnosť ľudského spasenia skrze Ježiša Krista, a bez ohľadu na rasu a národ, každého, kto prijme Ježiša za svojho Spasiteľa a koná Božiu vôľu, Boh urobí Jeho dieťaťom a dá mu večný život.

Ale čo sa stalo s Izraelom a jeho ľudom? Mnohí z nich neprijali Ježiša Krista a sú ďaleko od cesty spásy. Aká to bude veľká škoda, ak si neuvedomia cestu spásy skrze Ježiša Krista predtým, ako Pán príde znovu vo vzduchu a spasené Božie deti budú vyzdvihnuté do vzduchu!

Čo sa potom stane s Bohom vyvoleným Izraelom? Budú vylúčení zo sprievodu spasených Božích detí? Boh lásky pripravil pre Izrael Jeho úžasný plán na posledné okamihy dejín ľudstva.

Boh nie je ako človek, že by luhal, ani ako syn človeka, že by ľutoval! Azda by povedal, a nevykonal, hovoril var', a nesplnil? (Nm 23, 19)

Aká je posledná prozreteľnosť, ktorú Boh prichystal pre Izrael na konci vekov? Boh pripravil cestu „paberkovaného spasenia" pre Jeho vyvolený Izrael, aby mohol dosiahnuť spásu, ak si uvedomí, že Ježiš, ktorého ukrižoval, je Mesiáš, ktorého tak dlho očakáva, a bude pred Bohom konať dôkladné pokánie z hriechov.

Paberkované spasenie

Keďže ľudia budú svedkami vyzdvihnutia mnohých ľudí do neba a uvedomia si pravdu počas sedemročného veľkého súženia, niektorí ľudia, ktorí ostanú na zemi, vo svojom srdci uveria a akceptujú, že nebo a peklo naozaj neexistujú, Boh je živý a Ježiš Kristus je náš jediný Spasiteľ. Okrem toho, budú sa snažiť, aby neprijali znak šelmy. Po nadšení sa premenenia, budú čítať Božie slovo zaznamenané v Biblii, spoločne sa stretávať a sláviť bohoslužby, a snažiť sa žiť podľa Božieho slova.

V raných fázach veľkého súženia bude mnoho ľudí žiť kresťanský život a dokonca aj evanjelizovať ostatných ľudí, pretože nebudú ešte žiadne organizované prenasledovania. Neprijmu znak šelmy, pretože už budú vedieť, že so znakom nemôžu získať spasenie, a pokúsia sa čo najlepšie viesť život, aby si zaslúžili získať spasenie počas veľkého súženia. Ale bude pre nich naozaj ťažké udržať si vieru, pretože vtedy už Duch Svätý na svete nebude.

Mnoho z nich vyroní veľa sĺz, pretože nebudú mať nikoho, kto by viedol bohoslužby a pomohol im zväčšiť vieru. Budú si musieť udržať vieru bez Božej ochrany a moci. Budú trúchliť z ľútosti, že nenasledovali učenie Božieho slova, aj napriek tomu, že boli vyzývaní prijať Ježiša Krista a viesť verný, kresťanský život. Budú si musieť udržať vieru počas všetkých skúšok a prenasledovaní tohto sveta, v ktorom budú mať ťažkosti pri hľadaní pravého Božieho slova.

Niektorí z nich sa budú ukrývať hlboko v odľahlých horách, aby neprijali znak šelmy „666". Budú musieť hľadať korienky rastlín a stromy a zabíjať zvieratá, aby sa uživili, pretože bez znaku šelmy nebudú môcť kupovať ani predávať, aby získali potraviny. Ale v priebehu druhej polovice veľkého súženia, po dobu tri a pol roka, bude armáda antikrista prísne a pozorne prenasledovať veriacich. Nebude záležať na tom, v akých odľahlých horách sa budú ukrývať, nájdu ich a odvedú.

Vláda šelmy vezme tých, ktorí neprijali znak šelmy a ťažkým mučením ich bude nútiť poprieť Pána a prijať znak. Nakoniec sa mnohí z nich vzdajú a v dôsledku obrovkej bolesti a hrôzy z mučenia nebudú mať inú možnosť, ako znak prijať.

Armáda ich zavesí nahých na stenu a ich telá bude prebodávať vrtákmi. Celé ich telo, od hlavy až po päty, stiahnu z kože. Pred ich očami budú mučiť ich deti. Mučenie armádou bude príliš ukrutné, a tak bude pre nich naozaj ťažké zomrieť mučeníckou smrťou.

To je dôvod, prečo len málo tých, ktorí prekonajú všetky mučenia silnou vôľou presahujúcou obmedzenú ľudskú silu a zomrú mučeníckou smrťou, môžu získať spasenie a dosiahnuť nebo. Niektorí ľudia budú spasení, pretože si udržali vieru bez toho, aby zradili Pána a obetovali vlastný život v mučeníctve riadenom antikristom počas veľkého súženia. Tomu sa hovorí „paberkované spasenie".

Boh má hlboké tajomstvá, ktoré pripravil pre paberkované

spasenie Bohom vyvoleného Izraela. Sú nimi dvaja svedkovia a miesto Petra.

Vystúpenie a služba dvoch svedkov

Zjv 11, 3 hovorí: *„Ale pošlem svojich dvoch svedkov, a oblečení do vrecoviny budú prorokovať tisícdvestošesťdesiat dní."* Dvaja svedkovia sú práve títo ľudia, ktorých Boh pred vekmi určil vo svojom pláne, aby zachránili Jeho vyvolený Izrael. Budú svedčiť Židom v Izraeli, že Ježiš Kristus je jediným Mesiášom, ktorý bol prorokovaný v Starom zákone.

Boh mi povedal o týchto dvoch svedkoch. Vysvetlil mi, že nebudú veľmi starí, budú chodiť v spravodlivosti a budú mať priame srdce. Zjavil mi druh vyznania jedného z nich pred Bohom. Jeho vyznanie hovorí, že veril v judaizmus, ale počul, že veľa ľudí verí v Ježiša Krista ako Spasiteľa a hovorí o ňom. Preto sa modlí k Bohu, aby mu pomohol rozoznať, čo je správne a pravdivé:

„Ach, Bože!

Prečo mám v srdci tento problém?
Verím, že všetky veci,
ktoré som počul od svojich rodičov,
a ktoré som rozprával od mojej mladosti, sú pravdivé,
ale čo sú tieto myšlienky a otázky v mojom srdci?

Mnoho ľudí hovorí o Mesiášovi.

Ale len vtedy, ak mi niekto ukáže
jasné dôkazy o tom,
či je správne im veriť,
alebo veriť len v to, čo počúvam od detstva,
budem radostný a vďačný.

Ale ja nič nevidím,
a aby som nasledoval to, o čom hovoria títo ľudia,
musel by som všetko, čo som sa doteraz naučil,
považovať za nezmyselné a hlúpe.
Čo je naozaj správne v Tvojich očiach?

Bože Otče!
Ak chceš,
ukáž mi človeka,
ktorý môže všetko vysvetliť a rozumie všetkému.
Nech príde predo mňa a naučí ma,
čo je naozaj správne, a čo je skutočná pravda.

Keď sa pozriem na nebo,
mám v srdci tento problém,
a ak niekto môže tento problém vyriešiť,
prosím Ťa, ukáž mi ho.

Nemôžem zo srdca odstrániť všetko, čomu verím,

a keď o tom všetkom premýšľam,
ak existuje niekto, kto ma môže naučiť a ukázať mi to,
iba ak mi dokáže, že to je pravda,
nebude to zrada všetkého,
čo som sa doteraz naučil a videl.

Preto, Bože Otče!
Ukáž mi to.

Daj mi porozumieť všetkým týmto veciam.

Trápi ma toľko vecí.
Verím, že všetko, čo som doteraz počul, je pravdivé.

Ale keď o tom znovu a znovu premýšľam,
mám veľa otázok a môj smäd neuhasína;
Prečo je to tak?

Preto len vtedy, keď uvidím všetky tieto veci
a môžem si byť nimi istý;
len vtedy, ak si môžem byť istý, že to nie je zrada
proti spôsobu, akým som až doteraz žil;
len vtedy, ak uvidím, čo je skutočne pravda;
len vtedy, ak budem mať odpovede na všetko,
o čom premýšľam,
len vtedy bude v mojom srdci pokoj."

Dvaja svedkovia – budú to Židia – budú horlivo hľadať rýdzu pravdu, a Boh im odpovie a pošle im Božieho muža. Prostredníctvom Božieho muža si uvedomia Božiu prozreteľnosť kultivácie ľudstva a prijmu Ježiša Krista. Počas sedemročného veľkého súženia zostanú na zemi a budú vykonávať službu pre pokánie a spásu Izraela. Dostanú osobitnú Božiu moc a Izraelu budú svedčiť o Ježišovi Kristovi.

V Božích očiach budú úplne svätí a svoju službu budú vykonávať po dobu štyridsiatich dvoch mesiacov, ako je to uvedené v Zjv 11, 2. Dôvodom, prečo dvaja svedkovia pochádzajú z Izraela, je to, že začiatok a koniec evanjelia je Izrael. Evanjelium bolo do celého sveta rozšírené apoštolom Pavlom, a ak evanjelium teraz znovu dosiahne Izrael, ktorý je východiskovým bodom, potom bude dielo evanjelia dokončené.

V Sk 1, 8 Ježiš povedal: *„ale keď zostúpi na vás Svätý Duch, dostanete silu a budete mi svedkami v Jeruzaleme i v celej Judei aj v Samárii a až po samý kraj."* „Samý kraj" tu odkazuje na Izrael, ktorý je konečným cieľom evanjelia.

Dvaja svedkovia budú Židom hlásať posolstvo kríža a ohnivou Božou mocou im vysvetlia spôsob spasenia. Budú vykonávať úžasné divy a zázračné znamenia potvrdzujúce posolstvo. Budú mať moc zavrieť nebo, takže nebude pršať počas dní ich prorokovania, budú mať moc zmeniť vodu na krv a na zem privolať akúkoľvek ranu tak často, ako sa im zachce.

Vďaka tomu sa mnoho Židov vráti k Pánovi, ale zároveň

svedomie niektorých ľudí bude rozdelené a budú sa snažiť zabiť týchto dvoch svedkov. Nielen Židia, ale aj mnoho iných zlých ľudí z iných krajín, ktoré budú pod kontrolou antikrista, budú veľmi nenávidieť týchto dvoch svedkov a pokúsia sa ich zabiť.

Mučeníctvo dvoch svedkov a ich vzkriesenie

Moc týchto dvoch svedkov bude taká veľká, že sa im nikto neodváži ublížiť. Nakoniec sa na ich zabití budú podieľať úrady národa. Ale títo dvaja svedkovia nebudú vydaní na smrť kvôli úradom národa, ale pretože je Božou vôľou, aby zomreli mučeníckou smrťou v stanovenom čase. Miesto, kde zomrú, je miesto Ježišovho ukrižovania, a to znamená ich vzkriesenie.

Keď bol Ježiš ukrižovaný, rímski vojaci strážili Jeho hrob, aby nikto nezobral Jeho telo. Ale Jeho telo zmizlo, pretože bol vzkriesený. Ľudia, ktorí usmrtia týchto dvoch svedkov, si to budú pamätať a budú sa obávať, že niekto ukradne ich telá. Z tohto dôvodu nedopustia, aby ich telá boli pochované v hrobke, ale položia ich na cestu, aby všetky národy sveta videli ich mŕtve telá. Týmto spôsobom sa budú zlí ľudia, ktorých svedomie bolo rozdelené v dôsledku evanjelia kázaného dvoma svedkami, veľmi radovať z ich smrti.

Celý svet sa bude tri a pol dňa radovať a oslavovať, a médiami prostredníctvom satelitov sa do celého sveta rozšíri správa o ich smrti. Po tri a pol dňoch dôjde k vzkrieseniu dvoch svedkov. Oni znovu ožijú a budú vyzdvihnutí do neba v oblaku slávy, rovnako ako bol Eliáš vzatý do neba vo víchrici. Táto úžasná scéna bude vysielaná po celom svete a bude to sledovať nespočetné množstvo ľudí.

A v tú hodinu nastane veľké zemetrasenie, desatina mesta sa zrúti a pri zemetrasení zahynie sedemtisíc ľudí. Zjv 11, 3-13 to takto podrobne opisuje:

> *Ale pošlem svojich dvoch svedkov, a oblečení do vrecoviny budú prorokovať tisícdvestošesťdesiat dní. Oni sú dve olivy a dva svietniky, čo stoja pred Pánom zeme. A keby im chcel niekto ublížiť, z úst im vyšľahne oheň a strávi ich nepriateľov. Takto musí zahynúť každý, kto by im chcel ublížiť. Oni majú moc zatvoriť nebo, aby nepršalo v dňoch, keď budú prorokovať, a majú moc premeniť vody na krv a biť zem všetkými ranami, kedykoľvek budú chcieť. Keď dokončia svoje svedectvo, šelma, čo z priepasti vystúpi, bude viesť proti nim vojnu, zvíťazí nad nimi a zabije ich. Ich telá budú ležať na námestí veľkého mesta, ktoré sa obrazne volá Sodoma a Egypt, kde bol ukrižovaný aj ich Pán. Mnohí z ľudí, kmeňov, jazykov a národov budú pozerať na ich telá tri a pol dňa a nedovolia ich telá uložiť do hrobu. Obyvatelia zeme sa budú nad nimi radovať a plesať a budú si navzájom posielať dary, lebo títo dvaja proroci trápili obyvateľov na zemi. Ale o tri a pol dňa vstúpil do nich duch života od Boha, postavili sa na nohy a na tých, čo ich videli,*

doľahol veľký strach. A oni počuli mohutný hlas z neba, ktorý im hovoril: "Vystúpte sem!" I vystúpili v oblaku do neba a ich nepriatelia ich videli. V tú hodinu nastalo veľké zemetrasenie: desatina mesta sa zrútila a pri zemetrasení zahynulo sedemtisíc ľudí. Ostatných sa zmocnil strach a vzdali slávu Bohu na nebi (Zjv 11, 3-13).

Bez ohľadu na to, akí budú tvrdohlaví, pokiaľ budú mať vo svojich srdciach najmenšiu dobrotu, uvedomia si, že veľké zemetrasenie, vzkriesenie a nanebovstúpenie dvoch svedkov sú Božími skutkami a budú oslavovať Boha. Budú nútení uznať, že Ježiš bol asi pred dvetisíc rokmi vzkriesený mocou Boha. Napriek všetkým okolnostiam niektorí zlí ľudia nevzdajú Bohu slávu.

Všetkých vás vyzývam, aby ste prijali Božiu lásku. Až do posledného okamihu si Boh želá vás zachrániť a želá si, aby ste počúvali týchto dvoch svedkov. Dvaja svedkovia budú svedčiť s veľkou Božou mocou, ktorá bude pochádzať od Boha. Naplnení Božou láskou a vôľou prebudia mnoho ľudí. A budú vás viesť k uchopeniu poslednej príležitosti na spásu.

Vrúcne vás žiadam, aby ste sa nepridávali k nepriateľom patriacich k diablovi, ktorý vás povedú na cestu smrti, ale aby ste počúvali dvoch svedkovi, a tak dosiahli spasenie.

Petra, útočisko Židov

Ďalšie tajomstvo, ktoré Boh pripravil pre Jeho vyvolený Izrael, je Petra, útočisko počas sedemročného veľkého súženia. O tomto mieste Petra hovorí Iz 16, 1-4.

> *Pošlite baránka vládcovi zeme zo Sely púšťou k vrchu dcéry Siona. Ako odplašené vtáča, rozohnané hniezdo, budú dcéry Moabu pri brodoch Arnona. „Daj radu, učiň rozhodnutie; premeň na noc svoj tieň v pravé poludnie, schovaj ubehlíkov, nevyjavuj rozplašených! Nech u teba bývajú ubehlíci Moábu, buď im útočišťom pred ničiteľom!" Veď zmizol násilník, prestalo ničenie, zhynuli z krajiny tí, čo ju gniavili!*

Moáb predstavuje územie Jordánu na východnej strane Izraela. Petra je archeologická lokalita v juhozápadnom Jordáne, ktorá sa nachádza na svahu vrchu Hor v kotline medzi horami, ktoré tvoria východné krídlo Araba (Wadi Araba), veľké údolie tiahnúce sa od Mŕtveho mora až po záliv Aqaba. Petra je zvyčajne nazývaná aj Sela, čo tiež znamená skala, s biblickými odkazmi v 2 Kr 14, 7 a Iz 16, 1.

Keď Pán znovu príde vo vzduchu, vezme spasených ľudí a spolu sa budú radovať na sedemročnej svadobnej hostine. Potom spolu s nimi príde na zem a tisíc rokov budú vládnuť celému svetu. Počas siedmich rokov, od nadšenia z druhého Pánovho príchodu vo vzduchu až po Jeho príchod na zem, celú zem postihne veľké súženie, a po dobu tri a pol roka v priebehu druhej polovice veľkého súženia – tisícdvestošesťdesiat dní – Izraeliti sa budú ukrývať na mieste pripravenom podľa Božieho plánu. Tým miestom je Petra (Zjv 12, 6-14).

Prečo budú Židia potrebovať úkryt?

Potom, čo si Boh vyvolil izraelský národ, Izrael bol napadnutý a prenasledovaný početnými pohanskými národmi. Dôvodom je to, že diabol, ktorý sa vždy postaví proti Bohu, snažil sa zabrániť Izraelu dostať Božie požehnanie. To isté sa stane na konci sveta.

Keď si Židia prostredníctvom veľkého súženia uvedomia, že ich Mesiášom a Spasiteľom je Ježiš, ktorý prišiel na zem pred dvetisíc rokmi, a budú sa snažiť konať pokánie, diabol ich až do konca bude prenasledovať, aby zabránil Židom vo vytrvaní vo viere.

Boh, ktorý všetko vie, pripravil pre Jeho vyvolený Izrael úkryt, skrze ktorého im chce dokázať Jeho lásku k nim a Jeho pozornou láskou nebude voči nim šetriť. Podľa tejto lásky a plánu Boha, Izrael sa ukryje v Petre, aby utiekol pred prenasledovateľmi.

Ako povedal Ježiš v Mt 24, 16: *„vtedy tí, čo budú v Judei, nech utečú do hôr,"* Židia budú môcť uniknúť sedemročnému veľkému súženiu v úkryte v horách, udržať si vieru a dosiahnuť tam spásu.

Keď anjel smrti usmrtil všetko prvorodené v Egypte, Židia sa navzájom v tajnosti skontaktovali a rýchlo tomu unikli tým, že si baránkovou krvou natreli oboje veraje dverí.

Takisto sa Židia navzájom rýchlo skontaktujú ohľadom toho, kam ísť a ujdú do úkrytu skôr, než ich vláda antikrista začne zatvárať. Budú vedieť o Petre, pretože mnoho evanjelistov neustále svedčí o úkryte, a dokonca aj tí, ktorí neverili, zmenia svoje myslenie a nájdu úkryt.

Tento úkryt nebude príliš veľký. V skutočnosti si veľa ľudí, ktorí konali pokánie skrze dvoch svedkov a nestihli sa ukryť v Petre, udrží svoju vieru počas veľkého súženia a zomrú mučeníckou smrťou.

Božia láska prostredníctvom dvoch svedkov a Petry

Drahí bratia a sestry, stratili ste šancu na spasenie počas nadšenia? Potom neváhajte a choďte do Petry, lebo je to posledná šanca na spásu, ktorá je daná Božou milosťou. Antikrist čoskoro spôsobí hrozné nešťastie. Musíte sa ukryť v Petre predtým, ako sa úderom antikrista zatvoria dvere poslednej milosti.

Premeškali ste šancu ukryť sa v Petre? Potom jediný spôsob dosiahnutia spásy a vstupu do neba je nezaprieť Pána a neprijať znak šelmy „666". Musíte prekonať všetky druhy desivého mučenia a zomrieť mučeníckou smrťou. Nie je to vôbec jednoduché, ale budete to musieť urobiť, aby ste unikli večnému trápeniu v horiacom jazere.

Vrúcne si želám, aby ste sa neodvrátili od cesty spásy, neustále pamätajúc na večnú Božiu lásku a smelo všetko prekonali. Zatiaľ čo budete trpieť všetkým druhom pokušení a prenasledovaní, ktoré na vás zošle antikrist, a bojovať proti nim, my, bratia a sestry vo viere, sa budeme vrúcne modliť za vaše víťazstvo.

Ale našou skutočnou túžbou je, aby ste prijali Ježiša Krista predtým, ako sa začnú diať všetky tieto veci, boli vyzdvihnutí do neba spolu s nami a podieľali sa na svadobnej hostine, keď náš Pán znovu príde. So slzami lásky sa neustále modlíme, aby si Boh pamätal skutky viery vašich veľkých otcov a prísľuby, ktoré im dal a znovu vám dal veľkú milosť spásy.

Boh vo svojej veľkej láske pripravil dvoch svedkov a Petru, aby ste prijali Ježiša Krista ako Mesiáša a Spasiteľa a dosiahli spasenie. Až do poslednej chvíle dejín ľudstva vás vyzývam, aby ste pamätali na vernú lásku Boha, ktorý sa vás nikdy nevzdá.

Predtým, ako Boh pošle dvoch svedkov v príprave na nadchádzajúce veľké súženie, Boh lásky pošle Božieho muža, ktorý vám oznámi, čo sa stane v okamihu konca sveta a povedie vás na cestu spásy. Boh nechce, aby ani jeden z vás zostal na zemi počas sedemročného veľkého súženia. Aj keď po nadšení zostanete na zemi, On chce, aby ste uchopili poslednú možnosť spásy a pevne sa jej držali. Taká veľká je Božia láska.

Stane sa to krátko pred začatím sedemročného veľkého súženia. V tomto súžení, ktoré bude najväčším počas celej histórie ľudstva, náš Boh naplní Jeho plán lásky pre teba, Izrael. História kultivácie ľudstva bude ukončená spoločne s ukončením histórie Izraela.

Predpokladajme, že Židia by hneď teraz pochopili skutočnú Božiu vôľu a prijali Ježiša za svojho Spasiteľa. Aj keby mala byť história Izraela, ktorá je zaznamenaná v Biblii, opravená a znovu napísaná, Boh by to ochotne urobil. Je to kvôli Jeho nepredstaviteľnej láske k Izraelu.

Ale mnohí Židia kráčali, kráčajú a aj budú kráčať svojou vlastnou cestou až do kritického okamihu. Všemohúci Boh, ktorý vie všetko, čo sa má stať v budúcnosti, predurčil poslednú šancu vášho spasenia a vedie vás Jeho vernou láskou.

Hľa, ja vám pošlem proroka Eliáša, skôr než príde Pánov deň, veľký a hrozný. A obráti srdce otcov k synom a srdce synov k ich otcom, aby som neprišiel a neudrel zem kliatbou (Mal 4, 5-6).

Všetku vďaku a chválu vzdávam Bohu, ktorý Jeho nekonečnou láskou vedie na cestu spásy nielen Jeho vyvolený Izrael, ale ľudí všetkých národov.

Autor:
Dr. Jaerock Lee

Dr Jaerock Lee sa narodil v roku 1943 v Muane v Jeonnamskej provincii v Kórejskej republike. V jeho dvadsiatich rokoch sedem rokov trpel mnohými nevyliečiteľnými chorobami a bez nádeje na uzdravenie čakal na smrť. Jedného dňa, na jar v roku 1974, ho sestra zobrala do kostola, a keď pokľakol k modlitbe, živý Boh ho ihneď uzdravil zo všetkých chorôb.

Odkedy Dr Lee stretol živého Boha prostredníctvom tejto úžasnej skúsenosti, celým svojím srdcom Ho úprimne miluje. V roku 1978 bol povolaný, aby sa stal Božím služobníkom. Vrúcne sa modlil, aby mohol jasne pochopiť Božiu vôľu, úplne ju splniť a dodržiavať celé Božie slovo. V roku 1982 založil Manminskú centrálnu cirkev v Soule v Kórei. V jeho cirkvi sa uskutočňuje nespočetné množstvo Božích skutkov, vrátane zázračných uzdravení a znamení.

V roku 1986 bol Dr Lee vysvätený za pastora na výročnom zhromaždení Ježišovej Sungkyulskej cirkvi v Kórei a o štyri roky neskôr, v roku 1990, začali vysielať jeho kázne v Austrálii, v Rusku, na Filipínach a v mnohých ďalších krajinách prostredníctvom rozhlasových staníc Far East Broadcasting Company, Asia Broadcast Station a Washington Christian

Radio System.

O tri roky neskôr v roku 1993 bola Manminská centrálna cirkev vybraná kresťanským časopisom *Christian World* (USA) za jednu z „50 najlepších svetových cirkví" a z univerzity *Christian Faith College* na Floride v USA dostal Dr. Lee čestný doktorát v Bohosloví. V roku 1996 na teologickom seminári *Kingsway Theological Seminary* in Iowa v USA získal doktorát v Službe.

Od roku 1993 má Dr Lee vedúce postavenie vo svetovej missi prostredníctvom mnohých zahraničných výprav do Tanzánie, Argentíny, Baltimore City, Los Angeles, na Hawaj, do New Yorku v USA, Ugandy, Japonska, Pakistanu, Kene, na Filipíny, Honduras, do Indie, Ruska, Nemecka, Peru, Demokratickej republiky Kongo, Izraela a do Estónska.

V roku 2002 bol hlavnými kresťanskými novinami *Christian newspapers* v Kórei nazvaný „celosvetovým pastorom" kvôli jeho práci na rôznych zámorských výpravách. Zvlášť jeho výprava do New Yorku v roku 2006, ktorá sa konala na námestí Madison Square Garden, najväčšej svetoznámej aréne, bola vysielaná 220 národom, a jeho výprava do Izraela v roku 2009, ktorá sa konala v Medzinárodnom kongresovom centre v Jeruzaleme, na ktorých smelo vyhlásil, že Ježiš Kristus je Mesiáš a Spasiteľ. Jeho kázeň je vysielaná v 176 krajinách pomocou satelitov, vrátane GCN TV. Bol vyhlásený za jedného z desiatich najvplyvnejších kresťanských vodcov roku 2009 a 2010 v populárnom ruskom kresťanskom časopise *In Victory* a novou agentúrou *Christian Telegraf* pre jeho presvedčujúce televízne vysielanie kresťanskej omše a zahraničnej cirkevnej službe.

Od marca 2014 má Manminská centrálna cirkev kongregáciu s viac ako 120 000 členmi. Bolo založených 10 000 filiálok po celom svete, vrátane 54 domácich filiálok, a zatiaľ viac ako 129 misionárov bolo poslaných do 23 krajín, vrátane Spojených štátov, Ruska, Nemecka, Kanady, Japonska, Číny, Francúzska, Indie, Kene a mnohých ďalších krajín.

K dátumu tohto uverejnenia Dr Lee napísal 88 kníh, vrátane bestsellerov *Ochutnať Večný Život pred Smrťou, Môj Život Moja Viera I & II, Posolstvo Kríža, Miera Viery, Nebo I & II, Peklo* a *Božia Moc*. Jeho diela sú preložené do viac ako 76 jazykov.

Jeho kresťanský stĺpec je vydávaný v časopisoch *The Hankook Ilbo, The JoongAng Daily, The Chosun Ilbo, The Dong-A Ilbo, The Munhwa Ilbo, The Seoul Shinmun, The Kyunghyang Shinmun, The Hankyoreh Shinmun, The Korea Economic Daily, The Korea Herald, The Shisa News* a *The Christian Press*.

Dr Lee je v súčasnej dobe vedúcou osobnosťou mnohých misijných organizácií a združení: Chairman, The United Holiness Church of Jesus Christ; President, Manmin World Mission; Permanent President, The World Christianity Revival Mission Association; Founder & Board Chairman, Global Christian Network (GCN); Founder & Board Chairman, World Christian Doctors Network (WCDN); a Founder & Board Chairman, Manmin International Seminary (MIS).

Ďalšie silné knihy od rovnakého autora

Nebo I & II

Podrobný nákres nádherného životného prostredia, z ktorého sa tešia nebeskí príslušníci a krásny popis rôznych úrovní nebeského kráľovstva.

Posolstvo kríža

Úžasné posolstvo prebudenia pre všetkých ľudí, ktorí sú duchovne spiaci! V tejto knihe nájdete dôvod, prečo je Ježiš jediný Spasiteľ a naozajstnú lásku Boha.

Peklo

Úprimné posolstvo Boha celému ľudstvu, ktorý chce, aby ani jedna duša nepadla do hlbín pekla! Objavíte nikdy predtým neodhalený opis krutej reality Dolného podsvetia a pekla.

Duch, Duša a Telo I & II

Sprievodca, ktorý nám dáva duchovné porozumenie ducha, duše a tela a pomáha nám zistiť druh nášho „ja", aby sme mohli získať moc poraziť temnotu a stať sa duchovným človekom.

Miera Viery

Čo je to za príbytok, vence a odmeny, ktoré sú pre vás pripravené v nebi? Táto kniha poskytuje múdre pokyny pre vás o tom, ako merať vieru a dosiahnuť tú najlepšiu a najzrelšiu vieru.

Prebuď sa, Izrael

Prečo Boh dohliadal na Izrael od začiatku sveta až dodnes? Aká Božia prozreteľnosť bola pripravená na posledné dni pre Izrael, ktorý čaká na Mesiáša?

Môj Život Moja Viera I & II

Najvoňavejšia duchovná vôňa získaná zo života, ktorý kvitol s neporovnateľnou láskou k Bohu, uprostred temných vín, studeného jarma a najhlbšieho zúfalstva.

Božia moc

Musíte si prečítať túto knihu, ktorá slúži ako základný sprievodca na získanie pravej viery a okúsenie úžasnej Božej moci.

www.urimbooks.com

www.ingramcontent.com/pod-product-compliance
Lightning Source LLC
LaVergne TN
LVHW041813060526
838201LV00046B/1241